中国农民工发展状况及管理机制研究

ZHONGGUO NONGMINGONG
FAZHAN ZHUANGKUANG
JI GUANLI JIZHI YANJIU

冯 虹 李国正◎著

GUANGXI NORMAL UNIVERSITY PRESS
广西师范大学出版社
·桂林·

本书受到首都社会建设与社会管理协同创新中心、中国博士后基金（项目编号：2015M580955）、北京社会科学基金研究基地项目（项目编号：15JDZHC007）资助。

图书在版编目（CIP）数据

中国农民工发展状况及管理机制研究／冯虹，李国正著．
桂林：广西师范大学出版社，2016.6
ISBN 978-7-5495-8415-4

Ⅰ．①中… Ⅱ．①冯…②李… Ⅲ．①民工－研究报告－
中国 Ⅳ．①D669.2

中国版本图书馆 CIP 数据核字（2016）第 149141 号

广西师范大学出版社出版发行
（广西桂林市中华路 22 号　邮政编码：541001
网址：http://www.bbtpress.com）
出版人：张艺兵
全国新华书店经销
山东新华印务有限责任公司印刷
（山东省济南市高新区世纪大道 2366 号　邮政编码：250104）
开本：720 mm × 1 020 mm　1/16
印张：10.5　　字数：110 千字
2016 年 6 月第 1 版　　2016 年 6 月第 1 次印刷
定价：38.00 元

前　言

“农民工”一词最早由社会学家张雨林教授于1983年提出，是指在本地乡镇企业或进入城镇务工的农业户口人员。农民工是我国特有的城乡二元体制的产物，是我国在特殊的历史时期出现的一个特殊的社会群体。农民工群体经过30年的发展变化，目前已经不单单满足于在城市中获得一份工作，增加家庭收入，而是希望可以成为城市的一分子，实现由农村人口到城市居民的转变。特别是1980年以后在城市出生的新一代农民工，他们从小在城市里成长，已经习惯了城市生活，而且许多不会农活，他们扎根城市的需求比老一代人更加强烈。但是留城的困难使他们陷入了“难以回乡却也无法留城”的进退两难的境地。

改革开放以来，大量农民工为中国经济发展提供了强大动力，是中国改革开放以来经济飞速发展的重要动力源泉。进入“新常态”后，中国经济发展和城镇繁荣仍旧离不开农民工群体的辛勤劳动。中共十八届五中全会报告提出“促进新型工业化、信息化、城镇化、农业现代化同步发展”，同时提出“建立更加公平更加可持续的社会保障制度，实施全民参保计划，实现职工基础养老金全国统筹”，其中非常重要的一个环节就是进城农民工发展问题的解决。总而言之，进城农民工的发展状况关乎新型城镇化的进程和质量，关乎“2020年城乡居民收入翻一番”战略目标的实现，关乎全面小康社会的实现，关乎中国经济持续快速稳定增长。

截至2015年初，全国进城农民工数量已经接近3亿人。数量庞大的农民工群体由于教育水平低、技能缺乏，大部分从事着劳动强度大、工作环境差、工资待遇低的工作，甚至有一些农民工成了城市中新的贫困群体。农民工进城的最初动机是务工经商，进而增加收入、提高生活质量，但是现实的情况与最初的设想往往存在较大差异。在巨大的落差之下，很多农民工出现了行为失范问题，给流入地城市的社会稳定造成了很大的威胁。

此外，随着农民工“家庭化”迁移趋势的不断增长，农民工的居住问题、子女教育问题、消费问题等不断涌现。较低的收入和城市中较大的生活压力，使得农民工很难融入城镇成为真正的“市民”。

当前，我国开始了户籍制度改革，在各地逐步开始实施居住证管理制度。这对于农民工群体来说是一个千载难逢的政策红利，尤其是对于在中小城镇工作的农民工来说，他们基本上就不存在落户问题了。对于那些城市就业竞争力、融入城市能力和融入城市意愿比较强的农民工尤其是新生代农民工来说，居住证管理制度的实施给他们真正融入城市提供了机遇。

伴随着新型城镇化的不断推进，如何推进我国城镇户籍人口的不断增长，如何提升农民工群体的城市融入能力，如何发挥农民工群体在城镇化进程中对经济的带动作用，如何切实提高进城农民工群体的生活质量，都是当前政府和学术界面临的重要课题。

本书研究基于国家卫计委2013年“全国流动人口动态监测数据”，调查对象为在流入地居住一个月以上，非本区(县、市)户口的15—59周岁流动人口，流出地调查对象为调查点住户。调查主要采取个人问卷和社区问卷的方式进行。个人问卷主要包括基本情况、就业居住和社会保障、婚育情况与计划生育服务、社会融合等；社区问卷主要包括人口基本状况、社区管理与服务、流动人口计划生育基本公共服务均等化落实情况等。抽样方法为，以31个省(区、市)和新疆生产建设兵团2012年全员流动人口年报数据为基本抽样框，采取分层、多阶段、与规模成比例的PPS方法进行抽样。

基于以上数据，运用回归分析等计量方法，本书从农民工群体的收入水平、受教育程度、居住状况及购房选择、健康状况、婚姻状况等着手，探求“十二五”期间农民工发展状况及每个维度的影响因素，同时结合中共十八大以来的大政方针政策，提出了改进农民工群体发展的政策建议。本书认为，农民工问题的解决，根本途径是社会管理体制机制的创新。体制机制创新可以激发农民工群体的活力，从而为农民工群体提供融入城市的机会和可能。

从本书的章节安排来看，第一章和第二章分别为收入和消费。农民工的收入和消费是农民工发展状况最重要的两个指标。增加收入是农民工进城最主要的目的。研究证明绝大部分农民工进城的动因就是希望通过务工增加收入。尤其是在土地流转的过程中，大量的农民工无地可种，只能通过务工来增加收入，维持生计。20世纪90年代农民工进城务工虽然也是为了增加收入，但是目标比较简单，就是为了贴补家用，农忙的时候还要返乡。这一时期农民工进城务工有更多的随意性和选择性。然而，伴随着新型城镇化的推进和农村土地流转的展开，农民工进城务工成了一个非常重要的出路和选择。从一定程度上说，今后农民工进城务工更具被动性。从国家发展战略来看，新型城镇化是未来中国经济发展的重要战略选择。但是如果农民工的收入和消费无法增加，那么农民工就很难融入城市，这样的城镇化就是低质量和低水平的城镇化。只有农民工的消费能力真正得以提升，以新型城镇化推动经济内生增长的战略目标才能得以实现。所以，我们在本书的前两章着重探讨了农民工的收入和消费两个问题。

就业状况直接关系到农民工的收入状况和消费水平。因此，第三章我们着重探讨农民工就业问题。研究发现，农民工就业主要集中在建筑业、住宿餐饮业、交通运输业、家政服务业等劳动密集型行业。这些行业不但工作强度大、收入低，而且缺乏经验和技术积累的机会和可能。因此，农民工在这些行业工作，除了增加收入之外，很难提升自身的就业竞争力。这是目前进城农民工面临的重要问题，也是很难改变的现状。同时，农民工集中在这些行业工作，导致农民工社会资本积累也存在很大问题，进一步阻碍了农民工的跨行业流动和提升。综上两个方面最终导致农民工在融入城市方面困难重重。

研究发现，农民工群体就业状况、收入和消费水平受到教育年限的显著影响。因此，本书第四章着重探讨了当前农民工受教育状况及教育对其他因素的影响。还有学者对农民工教育回报率进行了深入的研究和探讨。当前百分之六七十农民工的受教育水平处于初中及初中以下。如此低的受教育水平，严重影响了农民工的就业选择、收入水平、消费观念、习惯和水平。因此，解决未来中国农民工发展问题的重要出路是增加教育投入。

紧接着，本书第五章探讨了农民工的社会保障问题。农民工的社会保障状况和农民工的就业单位性质和教育水平密切相关。中共十八届五中全会也提出了要建立城乡一体化的社会保障体制。关于农民工的社会保障问题，核心是进城农民工的养老保险问题。养老问题是中国进入老龄化社会后面临的一个非常重要的社会问题。近3亿农民工的养老问题解决不了，将严重影响到全面小康社会的实现。

第六章研究的农民工居住问题也是农民工社会保障的一个延伸。如果农民工的居住问题得不到妥善的解决，那么想要农民工“扎根”城市是不可能的。因此，我们单列一章着重研究农民工居住状况和购房选择问题。

第七章研究的农民工健康状况既是社会保障问题的一个延伸，同时也是就业状况的一个延伸。农民工就业状况严重影响到农民工健康状态，同时农民工社会保障体制是农民工健康状况的一个重要保障。但是，农民工工作强度大、工作环境恶劣、生活和居住状况较差，给农民工的健康造成了不良影响。

第八章研究的农民工婚姻状况是伴随着城镇化的不断推进所延伸出来的问题。之前农民工外出打工很少涉及婚姻问题，基本的婚姻问题都可以在返乡后解决。但是，女性农民工的不断增多，以及农民工群体的年轻化，使得农民工群体的婚姻状况越来越凸显。尤其是农民工随迁问题，以及由此衍生出来的教育问题、户籍问题、居住问题等，都是当前农民工群体不得不面对的问题，同时也是学界越来越关注的问题。

综上所述，本书以收入和消费为切入点，逐步研究了进城农民工最紧迫的几个问题，试图能够尽可能全面地揭示当前中国农民工发展状况。

中国农民工发展状况及管理机制研究

目录 CONTENTS

/第一章/

农民工的收入状况及影响因素研究

增加收入是农民工进城务工经商的主要动因，因此也是我们要研究的首要问题。农民工收入水平不但影响其消费状况，而且还影响其社会保障状况、健康状况、居住状况，是农民工发展问题的核心和关键。相关研究也发现，收入增加和收入公平性是提升农民工就业满意度的重要手段。[①] 本章通过对“十二五”末北京、石家庄、沈阳、无锡、东莞5城市农民工的收入状况进行分析和研究发现：农民工进城务工经商的主要动因是增加收入；此外，女性农民工群体收入普遍低于男性，但是教育水平提高会缓解这一状况。[②]

一、农民工收入状况及重要性

截止到2015年初，中国农民工数量已经达到2.75亿，占中国总人口的近五分之一。庞大的农民工群体的就业质量和自身发展，尤其是农民工工资性收入的增加，关系到中国未来整体经济发展质量和目标，关系到中国城镇化的进程和质量，关系到“新常态”下中国的产业结构调整和产业升级，关

①冯虹，艾小青．农民工就业满意度及其影响因素研究——基于北京市抽样调查数据[J]．北京工业大学学报(社会科学版)，2012，12(6)．

②李国正．“十二五”末农民工就业状况及收入增长的影响因素分析[J]．理论与改革，2015(5)．

系到中国2.75亿农民工的收入增长。

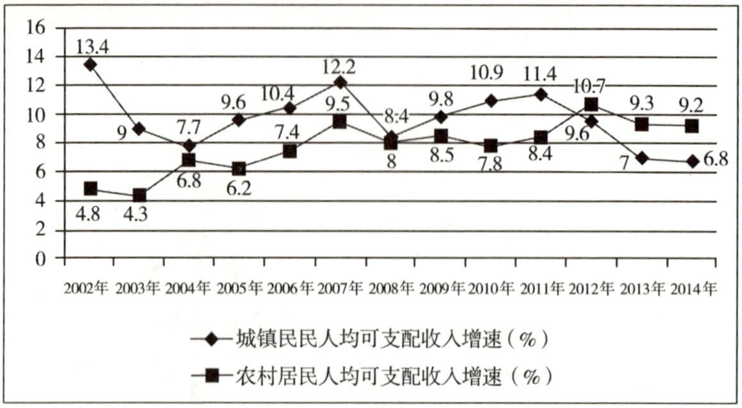

数据来源：国家统计局网站

图 1－1　2002－2014 年城乡居民人均可支配收入增速

第一，农民工就业和收入关系到“2020 年城乡居民收入翻一番”战略目标的实现。中共十八大报告中首次提出“实现国内生产总值和城乡居民人均收入比 2010 年翻一番”的新指标。中国占人口大多数的农民工群体的人均收入增加将直接关系到中共十八大确定的“城乡居民人均收入翻一番”的目标。如图 1－1 所示，从 2000 年到 2010 年，我国城乡居民收入以年均 8％左右的速度增长。到 2010 年底已经实现了比 2000 年翻一番多（如图 1－2 所示）。按照“十二五”期间的发展速度，只有继续保持城乡居民收入年均增速 7％左右，才能在剩下 5 年的时间里达到 2020 年的宏观战略目标。

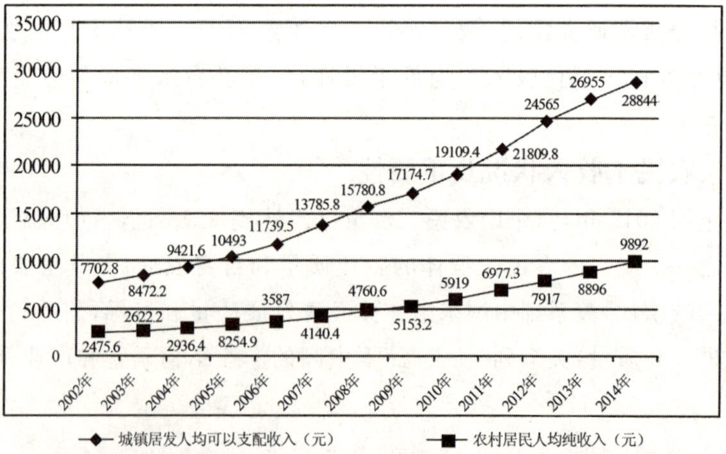

数据来源：国家统计局网站

图 1－2　2002－2014 年城乡居民人均可支配收入

第二，农民工就业和收入关系到中国经济持续稳定发展。劳动年龄人口数量持续增加，人口抚养比不断下降所形成的人口红利，在改革开放三十多年的时间里为经济持续快速增长提供了额外的源泉。[①] 蔡昉等认为，制度变革带来的大规模生产要素重新配置，特别是农村劳动力资源从农业向乡镇企业和城市第二、第三产业转移，以及非国有经济的迅速发展，是中国经济高速发展的重要动力。[②] 从80年代开始的农民工进城务工经商是改革开放以来推动中国经济发展的重要引擎，在1978—1998年对GDP增长的贡献率高达21%。[③]

第三，农民工就业和收入关系到中国城镇化进程和质量。城镇化是未来中国发展的重要动力源泉，也是中国未来发展的战略选择。中共十八大确立了"新型城镇化"发展战略。新型城镇化的核心是人，农民工群体是其中重要组成部分。根据第六次全国人口普查结果推算，如果把在城镇居住6个月以上的农民工群体计算在内，到2011年底中国城镇人口便已过半。但是，由于户籍问题、社会保障问题等障碍，当前中国农民工群体并没有真正具备融入城市的能力。因此，这样的城镇化只是一种表象。真正的城镇化还需要进一步实现农民工的市民化（刘爱玉，2012）。

第四，农民工就业和收入关系到中国农民工切身利益和全面小康社会的实现。按照全面小康社会的基本标准，农村居民家庭人均纯收入要达到8000元。相关数据显示，目前农民工工资性收入增长贡献率已经达到百分之五十，工资性收入在很大程度上影响了农村居民收入增长。因此，农村居民家庭人均纯收入的增加，尤其是外出农民工群体的人均纯收入的增加，关键看工资性收入。最近几年的研究发现，我国农民工群体整体的年龄结构大概在28岁到32岁之间，呈现年轻化态势。这些新生代农民工相当大一部分对于城市的归属意愿更加强烈。因此，如何让新生代农民工能够在城市安家、生存、发展，是摆在党和各级政府面前的重要课题。

综上所述，研究农民工就业状况及收入具有重要意义。

---

①蔡昉，王美艳．农村劳动力剩余及其相关事实的重新考察——一个反设事实法的应用[J]．中国农村经济，2007(10)．

②蔡昉，王德文．中国经济增长可持续性与劳动贡献[J]．经济研究，1999(10)．

③蔡昉，王美艳．中国经济增长究竟有多快？[J]．新视野，2002(04)．

二、农民工人口学特征及经济社会特征

为了深入了解"十二五"末农民工就业和收入状况，探索未来"十三五"期间农民工收入增长机制，本章基于国家卫计委2013年"中国流动人口调查"数据，对北京、石家庄、沈阳、无锡、东莞5城市的农民工就业状况和收入进行分析。数据样本包含13530人，其中北京5980人、东莞2314人、沈阳1546人、石家庄1826人、无锡1864人。

目前研究认为，年龄、性别、婚姻状况、教育、培训和工作年限等对于农民工的收入具有重要的影响（刘林平，张春泥，2007；严于龙，李小云，2006；苏群，周春芳，2005；张世伟等，2010；李培林，李炜，2010；罗锋等，2011；曲小博，2013；刘万霞，2013）。因此，我们将主要从以下几个方面对于样本的人口学特征及经济社会特征展开分析。

第一，新生代农民工逐步成为进城务工人员的主力，进城农民工群体呈现年轻化态势。通过数据分析我们发现，农民工群体平均年龄为30岁左右，70后占到30%左右，80后占到40%左右，90后占16%左右（如表1—1所示）。通过分组分析发现，已婚农民工多于未婚的，男性多于女性。但80后、90后的女性多于男性，而在其他年龄段里男性多于女性。未婚的男性占了16.9%，未婚的女性占了13.7%。在未婚的农民工群体中，44%左右的男性和53%的女性在23岁以下；在已婚的农民工群体中，70后和80后居多，占到了27%左右。这些人群基本都会面临着子女教育问题、居住问题、医疗等社会保障问题。

第二，农民工群体受教育程度较低，且女性低于男性。数据分析发现，农民工群体大部分受教育水平为初中及初中以下，占70.5%，其中女性34.4%，男性36.1%。从男女受教育程度来看，女性农民工小学及小学以下受教育程度为6.1%，男性为4.5%（如表1—1所示）。从中可以看出女性农民工群体在基础教育方面要弱于男性。这可能和农村地区"重男轻女"的思想有关。但是中专及以上受教育程度方面，女性为6.6%，男性为5.6%，女性要高出男性1个百分点。此外，已婚人群的受教育水平要高于未婚人群的受教育水平。这可能是因为受教育水平高的农民工群体在就业方面有更好的机会和平台，收入可能会更高一些。这提高了农民工生活水平，使其在婚姻问题上具有更多的能力和机会。

表 1－1　北京、石家庄、沈阳、无锡、东莞农民工流动动机、受教育程度、年龄、性别分布

单位：%

被访者性别		男						女					
		被访者婚姻状况					合计	被访者婚姻状况					合计
		未婚	初婚	再婚	离婚	丧偶		未婚	初婚	再婚	离婚	丧偶	
被访者本次流入原因	务工经商	16.2	32.5	0.4	0.6	0.1	49.7	13.2	30.4	0.3	0.6	0.1	44.5
	随迁	0.5	0.1				0.5	0.3	3.2	0.1			3.5
	婚嫁								0.1				0.1
	拆迁												
	投亲	0.1	0.1				0.2	0.1	0.5				0.6
	学习	0.1	0.1				0.2	0.1	0.1				0.2
	出生												
	其他		0.1				0.1	0.1	0.3				0.4
被访者教育程度	未上过学	0.1	0.2				0.3		0.5				0.6
	小学	0.7	3.3	0.1	0.1		4.2	0.2	5.1	0.1	0.1		5.5
	初中	1	21.0	0.2	0.4		31.6	6.9	20.7	0.2	0.4	0.1	28.3
	高中	3.5	5.4	0.1	0.1		9.1	3.3	4.7		0.1		8.2
	中专	1.5	1.5				3.0	1.7	1.6				3.4
	大学专科	0.8	1.1				2.0	1.2	1.2				2.4
	大学本科	0.3	0.3				0.6	0.3	0.5				0.8
	研究生								0.1				0.1
被访者出生年（已离散化）	1960 以前	0.1	1.2				1.4		0.4				0.4
	1961—1970	0.3	7.3	0.1	0.2		7.9	0.1	5.6	0.1	0.2		6.0
	1970—1980	1.1	13.4	0.2	0.2		14.8	0.4	13.5	0.2	0.3		14.3
	1981—1990	7.9	10.8	0.1	0.1		18.8	6.0	14.3	0.1	0.1		20.5
	1990 以后	7.5	0.3				7.8	7.3	0.6				7.9
合计		16.9	32.9	0.4	0.6	0.1	50.8	13.7	34.4	0.4	0.6	0.1	49.2

数据来源：国家卫计委“2013 年中国流动人口调查”

第三，农民工流动的主要动因是务工经商。如表1—1所示，94.2%的农民工流动的动力是务工经商，即通过进城务工经商来提升收入水平。因此，收入状况关系到农民工的流向和流动频度。此外，在流动原因中，相比男性，女性随迁的比例较高，为3.5%。第四，农民工主要在劳动密集型行业就业。如表1—2所示，从行业分布来看，农民工就业主要集中在制造业、批发零售业、住宿餐饮业、社会服务业四个行业，分别占24.3%、19.6%、15.7%、11.6%。北京的农民工在制造业、批发零售业、住宿餐饮业、社会服务四个行业的从业者分别占4.3%、8.9%、6.5%、5.5%，东莞的分别占9.3%、1.9%、0.7%、0.3%，沈阳的分别占0.5%、2.2%、3.4%、1.4%，石家庄的分别占1.5%、2.7%、2.4%、1.6%，无锡的分别占6.4%、0.9%、0.5%、0.8%。此外，北京市农民工中建筑业分布较多，这可能和北京市建筑业和房地产业较为发达有关。

表1—2　北京、石家庄、沈阳、无锡、东莞农民工工作时间及月收入

单位：%

城市名称		北京		东莞		沈阳		石家庄		无锡		合计
		被访者户口性质		被访者户口性质		被访者户口性质		被访者户口性质		被访者户口性质		
		农业	非农业	农业	非农业	农业	非农业	农业	非农业	农业	非农业	
就业单位所属行业	制造业	4.3	0.9	9.3	0.6	0.5	0.2	1.5	0.1	6.4	0.4	24.3
	采掘业											
	农林牧渔	0.6	0.1	0.1		0.1				0.3		1.2
	建筑	2.7	0.7	0.3		1.0	0.2	1.7	0.1	0.8		7.7
	电煤水生产供应	0.1	0.1				0.1		0.1	0.2		0.6
	批发零售	8.9	1.8	1.9	0.2	2.2	0.8	2.7	0.2	0.9	0.1	19.6
	住宿餐饮	6.5	1.2	0.7		3.4	0.8	2.4	0.2	0.5		15.7
	社会服务	5.5	1.3	0.3	0.1	1.4	0.4	1.6	0.2	0.8	0.1	11.6
	金融/保险/房地产	0.5	0.7			0.2	0.1	0.2				1.9
	交通运输、仓储通信	1.7	0.8	0.2	0.1	0.4	0.1	0.3		0.6		4.2
	卫生、体育和社会福利	0.6	0.3	0.1		0.1		0.1		0.1		1.4

城市名称		北京		东莞		沈阳		石家庄		无锡		合计
		被访者户口性质		被访者户口性质		被访者户口性质		被访者户口性质		被访者户口性质		
		农业	非农业	农业	非农业	农业	非农业	农业	非农业	农业	非农业	
就业单位所属行业	教育、文化及广播电影电视	0.8	1.1	0.2			0.1	0.1				2.3
	科研和技术服务	0.8	1.6	0.1		0.1	0.1			0.1	0.1	2.9
	党政机关和社会团体	0.3	0.2									0.5
	其他	2.3	0.7	1.3	0.1	0.2		0.6	0.1	0.6		6.0
平均每天工作时间（小时）	2											
	3	0.1										0.1
	4	0.1		0.1								0.2
	5	0.1	0.1							0.1		0.3
	6	0.7	0.2			0.2	0.1	0.2		0.2		1.5
	7	0.6	0.3	0.1		0.1		0.2	0.1	0.2		1.7
	8	15.2	7.8	5.9	0.7	3.1	1.4	4.3	0.5	5.8	0.5	45.2
	9	3.2	0.6	1.4	0.1	1.4	0.3	0.9	0.1	0.9	0.1	8.9
	10	9.1	1.5	3.8	0.2	3.4	0.7	3.5	0.2	2.2	0.1	24.8
	11	0.6	0.1	1.3	0.1	0.3		0.3		0.1		2.7
	12	4.7	0.8	1.5	0.1	1.0	0.2	1.4	0.1	1.7	0.1	11.5
	13	0.3	0.1	0.1		0.1		0.2		0.1		0.8
	14	0.4		0.1		0.1		0.2				0.8
	15	0.3	0.1	0.1				0.1				0.7
	16	0.2		0.1								0.4
	17	0.1										0.1
	18											0.1
合计		35.7	12.2	14.6	1.3	9.9	2.9	11.3	1.1	11.5	0.8	100

城市名称		北京		东莞		沈阳		石家庄		无锡		合计
		被访者户口性质		被访者户口性质		被访者户口性质		被访者户口性质		被访者户口性质		
		农业	非农业	农业	非农业	农业	非农业	农业	非农业	农业	非农业	
平均每周工作时间(天)	1	0.1										0.1
	2											
	3	0.1		0.1								0.3
	4	0.2		0.1		0.1		0.1		0.1		0.6
	5	7.8	7.2	2.3	0.5	1.0	0.7	0.7	0.3	1.3	0.2	22.1
	6	11.7	2.2	8.6	0.6	4.5	1.2	2.8	0.4	4.0	0.3	36.3
	7	15.7	2.0	3.5	0.2	4.1	0.9	7.8	0.4	5.9	0.2	40.6
合计		35.7	12.2	14.6	1.3	9.9	2.9	11.3	1.1	11.5	0.8	100

数据来源：国家卫计委“2013 年中国流动人口调查”

第五，农民工工作时间长。农业户籍的流动人口每周工作为 6.26 天左右，非农户籍的流动人口每周工作 5.68 天(如表 1—3 所示)。由此可以看出，户籍因素对于流动人口工作强度影响比较大。从下面的分析我们可以发现，这主要由于非农户籍的人口在党政机关等工作的较多，这些性质的单位一般在休息休假等方面比较有保障。从每天工作时间来看，农业户籍流动人口每天大概工作 9.3 个小时，非农户籍的流动人口每天工作大概 8.7 个小时。整体来看，5 城农民工每天工作时间在 8 到 12 小时人数较多，分别占 45.2%、8.9%、24.8%、2.7%、11.5%；而每周工作天数大部分在 5 至 7 天，工作 5 天占 22.1%，6 天占 36.3%，7 天占 40.6%，其中工作 7 天人数最多(如表 1—2 所示)。这严重超出了《劳动法》所规定的每日工作时间不超过 8 小时、每周工作时间不超过 44 小时的法定工时。

表 1—3 北京、石家庄、沈阳、无锡、东莞农民工工作时间、月收入情况

城市名称	被访者户口性质		平均每周工作时间(天)	平均每天工作时间(小时)	个人月收入(元)
北京	农业	均值	6.19	9.3246	3309.47
	非农业	均值	5.52	8.6061	5317.23
	总计	均值	6.02	9.1493	3820.80
东莞	农业	均值	6.06	9.4504	2880.11
	非农业	均值	5.76	9.0000	3703.48
	总计	均值	6.04	9.4143	2946.72

城市名称	被访者户口性质		平均每周工作时间（天）	平均每天工作时间（小时）	个人月收入（元）
沈阳	农业	均值	6.30	9.3838	2928.83
	非农业	均值	6.06	8.9292	3268.28
	总计	均值	6.24	9.2815	3006.08
石家庄	农业	均值	6.60	9.5009	2840.81
	非农业	均值	6.05	9.0556	3019.30
	总计	均值	6.55	9.4624	2856.26
无锡	农业	均值	6.38	9.0803	3232.13
	非农业	均值	5.89	8.5000	3633.36
	总计	均值	6.35	9.0416	3259.22
总计	农业	均值	6.26	9.3445	3113.93
	非农业	均值	5.68	8.7095	4666.65
	总计	均值	6.16	9.2335	3394.52

数据来源：国家卫计委“2013 年中国流动人口调查”

第六，农民工工资收入较低。如表 1－4 所示，从月收入来看，大部分农民工的工资在 1000－4000 元，1000－2500 元的占 40.3%，2500－4000 元的占 39.3%。北京、石家庄、沈阳、无锡、东莞 5 城农业户籍流动人口收入普遍比非农业户籍流动人口低。整体来看，非农业户籍人口比农业户籍人口高 1300 元。同时，不同城市收入差距也比较大。五个城市中，北京地区农业和非农户籍人口收入都普遍比其他地区高。

表 1－4　北京、石家庄、沈阳、无锡、东莞农民工月收入分布

单位：%

城市名称		北京		东莞		沈阳		石家庄		无锡		合计
		被访者户口性质		被访者户口性质		被访者户口性质		被访者户口性质		被访者户口性质		
		农业	非农业	农业	非农业	农业	非农业	农业	非农业	农业	非农业	
个人月收入	≤1000	0.8	0.1	0.2		0.1		0.6		0.3		2.1
	1001－2500	13.7	2.1	7.4	0.4	4.8	1.2	5.5	0.5	4.4	0.3	40.3
	2501－4000	14.4	4.0	5.7	0.5	3.8	1.1	3.6	0.4	5.0	0.3	39.0
	4001－5500	3.9	2.1	0.7	0.2	0.7	0.3	1.1	0.1	1.1	0.2	10.4
	5500＋	2.8	3.8	0.5	0.1	0.4	0.2	0.5	0.1	0.7	0.1	9.2

数据来源：国家卫计委“2013 年中国流动人口调查”

第七，农民工就业单位一般为个体工商户或者私营企业，党政国企事业单位等公有制单位较少。如表1—5所示，五个城市农业户籍农民工大部分集中在“个体工商户”、“私营企业”等私有制性质企业，分别占到了35.8%和36.2%。相比之下，在党政机关等行业的农业户籍农民工分布较少，这可能和这些行业对于学历要求较高以及户籍限制有关。此外，东莞的农民工在港澳台企业工作的较多，占30%左右。

表1—5 北京、石家庄、沈阳、无锡、东莞农民工就业单位性质

单位：%

城市名称		全部		北京		东莞		沈阳		石家庄		无锡	
		被访者户口性质		被访者户口性质		被访者户口性质		被访者户口性质		被访者户口性质		被访者户口性质	
		农业	非农业	农业	非农业	农业	非农业	农业	非农业	农业	非农业	农业	非农业
就业的单位性质	土地承包者	1.1	0.2	1.0	0.1	0.4	0.5	0.1		1.3	1.2	2.8	0.8
	机关、事业单位	1.7	5.2	3.1	6.3	0.5	2.1	1.1	4.2	0.6	3.7	0.5	0.8
	国有及国有控股企业	2.7	10.3	4.0	12.1	0.5	3.7	1.0	5.4	3.2	14.2	2.5	8.2
	集体企业	3.2	3.9	4.1	4.1	1.3	4.7	2.0	2.4	3.0	5.6	4.2	4.1
	个体工商户	35.8	24.6	39.4	20.6	27.4	24.6	40.2	38.7	47.6	33.3	19.5	21.3
	私营企业	36.2	42.5	34.8	45.2	26.0	34.6	40.6	39.4	32.5	29.6	53.5	45.1
	港澳台企业	6.4	2.8	0.6	1.1	33.3	25.1	0.3	0.2			2.2	4.9
	日韩企业	0.6	0.5	0.3	0.5	1.2	1.0	0.3				1.6	1.6
	欧美企业	0.2	1.1	0.1	1.3	0.0	0.5				0.6	0.9	4.1
	中外合资企业	2.7	4.7	2.4	5.5	3.7	1.0	1.7	3.8	0.1	1.2	6.2	7.4
	其他	1.2	0.6	1.3	0.7	2.4	1.6	0.1	0.2	0.4		0.9	
	无单位	8.2	3.3	8.8	2.5	3.1	0.5	12.7	5.7	11.3	10.5	5.5	1.6

数据来源：国家卫计委“2013年中国流动人口调查”

三、模型构建及回归分析

结合之前的分析，我们认为通过进城务工经商来增加收入是农民工流动的最重要因素，因此研究影响农民工收入增长的因素就显得尤为重要。相关研究认为，不同的人力资本因素对收入增长的影响存在显著差异（Scott et al.,1977;Dickens and Lang,1985;Neuman and Ziderman,1986;魏众,2004;张车伟,2006;任远等,2010)。

关于农民工群体工资性收入的影响因素,国内学者也进行了大量实证研究工作,普遍认为受教育水平对农民工群体的工资性收入有着显著影响(陈玉宇等,2004;杨金凤等,2005;刘林平等,2007;严善平,2007;王德文等,2008;谌新民等,2009;周亚虹等,2010;龚斌磊等,2010;吕晓兰,2013;曾福生等,2013;王广慧等,2014)。一些学者还通过统计数据或抽样调查数据测算了中国农民工教育回报率从3%到6%不等(张泓骏等,2006;姚先国等,2004;杨金凤等,2005;任远等,2010;赵显洲,2012;谢勇,2013;赵海,2013)。

然而,通过之前分析,我们会发现,农民工就业主要集中在建筑、餐饮等劳动密集型的行业,而这些行业对于劳动者的学历要求并不高。所以,我们假定初中及以下受教育程度对于农民工收入影响较小,而高中及以上受教育程度对农民工收入影响较大。为了分析影响农民工收入的影响因素,同时验证我们的假定,本章以农民工月收入为因变量,以年龄、工作年数、受教育年数为自变量,同时设置了城市、行业、性别的虚拟变量。基于此,我们设定的回归模型如下:

$$\ln y=\begin{cases}7.707+0.012x_2+0.056x_3-0.107x_4-0.001x_5+0.066x_6\\+0.187x_7-0.012x_8-0.113x_9-0.115x_{10}-0.05x_{11}-0.091x_{12}\\+0.144x_{13}-0.212x_{14}+0.021x_{15}\text{,教育程度低于(包含)初中时}\\7.295+0.002x_1+0.02x_2+0.145x_3-0.13x_4-0.043x_5+0.132x_6\\+0.189x_7+0.088x_8-0.054x_9-0.097x_{10}+0.035x_{11}-0.049x_{12}\\+0.091x_{13}-0.149x_{14}+0.039x_{15}\text{,教育程度高于初中时}\end{cases}$$

其中,y是月收入,x_1、x_2、x_{15}分别为年龄、工作年数和受教育年数。x_3、x_4、x_5、x_6为城市的虚拟变量,分别代表北京、沈阳、石家庄、无锡,东莞是作为对照的。x_7、x_8、x_9、x_{10}、x_{11}为行业的虚拟变量,分别代表建筑业、批发零售业、住宿餐饮业、社会服务业以及其他行业,制造业是作为对照组。x_{12}、x_{13}是行业属性的虚拟变量,是私营和其他行业,个体作为对照组。x_{14}是代表女性,是性别的虚拟变量。

在模型设计方面,首先,由于月收入数值较大,而其他变量都较小,所以对月收入取对数,以平衡月收入与其他变量的差距。其次,我们发现去除受教育程度在初中(含初中)以下的数据之后,对受教育年数与月收入做相关性分析,相关系数有所提高。所以我们分别对受教育程度在初中(含初中)以下的数据、受教育程度在高中(含高中)以上的数据进行分析。受教育程度在初中(含初中)以下,我们不考虑受教育年数这个变量,受教育程度在高中(含高中)以上的数据分析时,受教育年限这个变量就可以加进去。第三,我们对城市、行业、行业属性这三个分类变量通过添加哑变量进行处理。然而,行业、行业属性的类型比较多,所以我们选取行业中的所占比重较高的制造业、建筑业、批发零售业、住宿餐饮业、社会服务分别作为一类,其他行业作为一类;行业属性中所占比重最高的为个体、私营,个体、私营分别作为一类,其他为一类。最后,直接将所有变量对月收入对数进行线性回归,得到的回归结果如下。

表 1－6　农民工收入影响因素回归结果(OLS 估计)

受教育程度在初中(含)以下的回归分析表			受教育程度在高中(含)以上的回归分析表		
	非标准化系数			非标准化系数	
	系数	标准误差		系数	标准误差
(常量)	7.707	0.043	(常量)	7.295	0.090
年龄	0.000	0.001	年龄	0.002	0.001
工作年数	0.012	0.001	工作年数	0.020	0.002
受教育年数	0.021	0.003	受教育年数	0.039	0.006
北京	0.056	0.015	北京	0.145	0.023
沈阳	－0.107	0.018	沈阳	－0.130	0.028
石家庄	0.001	0.019	石家庄	0.043	0.029
无锡	0.066	0.019	无锡	0.132	0.033
建筑	0.187	0.019	建筑	0.189	0.033
批发零售	－0.012	0.017	批发零售	0.088	0.027
住宿餐饮	－0.113	0.016	住宿餐饮	－0.054	0.027
社会服务	－0.115	0.018	社会服务	－0.097	0.028
其他行业	－0.050	0.016	其他行业	0.035	0.022
私营	－0.091	0.013	私营	－0.049	0.019
其他行业属性	0.144	0.013	其他行业属性	0.091	0.020
女性	－0.212	0.009	女性	－0.149	0.014
R 方	0.148		R 方	0.183	
F 值	98.450		F 值	54.070	
概率(F 值)	0.000		概率(F 值)	0.000	

回归结果表明，F 值的检验值小于 0.05，说明模型的相关性是显著的。R 方并不高，说明模型的拟合优度还有待提高。各个参数也都通过检验，标准误差不大，说明所选用的变量是对月收入进行回归的。若要提高模型的拟合优度，可以增加变量，添加影响月收入的因素。

通过表 1－6 我们可以得出如下结论。

1.对于学历较低的农民工群体而言，年龄的增加对收入没有什么显著影响；而对于高学历人群来说，年龄对于收入成正相关。

2.工作年数对于农民工收入呈现正相关。对于高中及以上的农民工群体而言，影响更为显著，每多工作一年，月收入提高 2%；而初中及以下的农民工群体只提高 1.2%。这说明工作经验对于高学历农民工群体的收入有显著的正相关。

3.受教育年数对农民工收入的影响呈现“S”型曲线。初中及以下学历农民工群体受教育年数每增加一年，月收入提高 2.1%；高中及以上学历农民工群体受教育年数每增加一年，月收入提高 3.9%。

4.北京、无锡、石家庄、沈阳四个虚拟变量中，北京、石家庄和无锡对农民工月收入的影响成正相关。这说明在其他条件相同的情况下，这三个城市农民工的月工资高于东莞，而且是学历越高差异越显著，相反沈阳农民工的月工资低于东莞。

5.建筑业虚拟变量对农民工月收入的影响显著为正，说明这个行业农民工月收入显著高于制造业农民工月收入。住宿餐饮、社会服务业虚拟变量对农民工收入的影响为负，表明这些行业农民工的月收入低于制造业农民工月收入。批发零售业虚拟变量对于初中及以下农民工群体月收入影响为负相关，说明从事批发零售业的初中及以下学历农民工群体收入低于建筑业的收入；而对于高中及以上农民工群体来说，从事批发零售业收入高于建筑业。

6.私营企业对农民工月收入影响为负，说明私营企业农民工收入水平低于个体农民工收入水平。

7.女性虚拟变量对于农民工月收入影响为负，说明女性农民工收入要低于男性农民工收入，而且学历越低影响越明显。

四、总结及政策建议

通过上面分析我们可以得出以下结论。

1. 高中及以上学历教育对于农民工群体收入影响较大，而初中及以下教育对于农民工群体收入影响较小。因此，从长期来看，国家在继续强化落实九年义务教育的同时，应该逐步普及高中教育、大专教育，增加高中及以上教育的投入。从短期来看，应该为进城务工农民工或者农村有劳动能力的居民提供技能培训。这方面比较突出的案例有“富侨足道”、“华夏良子”等。这些企业就是在本地招聘农民，通过2—3个月左右的短期培训，使得农民可以掌握一门服务技能。实证研究发现，这样确实能够大大提高农民的工资性收入。

2. 女性农民工群体的收入普遍低于男性农民工群体收入，且学历越低影响越明显。相关研究也发现，女性农民工工作强度和男性相差无几，而且还要承担繁重的家务，但女性农民工的小时工资却要比男性农民工低很多。近年来，随着“家庭化迁移”趋势逐渐增强，女性农民工“迁而不移”的现象越发明显。这些问题的根源一方面是由于户籍制度等外部环境制度因素制约了劳动力流动性，另一方面则是由于农民工群体较低的受教育水平。因此，国家应该更加注重男女就业平等问题，以及女性受教育问题，尤其是要减少农村地区女孩“辍学”的概率。此外，国家还应该通过教育制度改革，对农村地区加大教育投入的同时，进行政策倾斜。

3. 通过分析我们还可以看到个体农民工收入比私营企业高。这说明农民工从事个体经营更有助于增加其收入。因此，国家应该出台相应的政策措施，尤其是创业培训及融资问题，帮助农民工创业，以创业带动就业，增加农民工收入。

/第二章/

农民工的消费状况及影响因素分析

消费水平是农民工群体城市融入能力的重要指标。同时,研究证明,消费水平与收入水平之间存在紧密联系,农民工收入水平对于其消费能力有显著性影响。通过第一章对农民工收入状况的分析,我发现农民工群体收入较低,工作量较大。由此我可以预测农民工的消费状况也是不容乐观的。本章我将针对农民工的消费状况进行深入的探讨。

一、农民工收入与消费现状

一直以来对于农民工问题的研究往往集中于收入、职业、迁徙情况和公平待遇等方面,而对农民工消费问题却鲜有人问津。究其原因,是因为农民工收入水平较低以及农民工在农村形成的节俭品行这些特征长期存在人们的印象中,使得人们觉得农民工的消费欲望与消费能力不足是合理的,消费内容往往只是吃饱穿暖这种最低层次的消费需求,认为研究农民工的消费问题同研究农民工的收入、职业、公平待遇等问题相比价值不大。

然而随着农民工问题研究的深入,对农民工消费的研究也渐渐重要起来。首先是近些年来农民工的收入出现了大幅的增长。由表2—1的数据可知,农民工的月均收入从2008年的1340元增长到2014年的2864元,6年内实现了翻倍的增长。然而，2014 年全国城镇居民的月均收入也只有 2404 元[①]，已经低于全国农民工的月均收入，所以之前关于农民工消费能力不强的观点已经站不住脚，农民工已具有一定的消费能力。与此相对的是近几年来中国经济出现了增速下滑的现象。从影响经济增速的"三驾马车"和发达国家的发展经验考虑，投资与出口已难以继续呈现大幅增长，只有消费还存在大幅增长的空间。农民工数量规模从 2003 年以来持续增长。最新的统计数据显示，2014 年中国农民工的总量已达到 2.74 亿人[②]。基于农民工数量如此巨大的情况，此时研究影响农民工消费的因素就显得很有意义。其次，农民工消费的增长和消费结构的变化关系到农民工市民化的进度。现阶段农民工整体上呈现"候鸟式迁徙"的特征并没有显著变化，依旧存在着"打工地挣钱、回家乡消费"的特点。但这并不意味着城市提供的高端消费品对农民工的吸引力不足，而是出于攒钱养家、养老等方面的考虑不去消费的结果。而农民工的市民化意味着农民工的居住、就业环境的稳定以及农民工社会保障的健全。这与农民工消费的增长与消费结构的变化融为一体。

表 2－1　2008 年以来全国农民工月均收入情况

年份	2008	2009	2010	2011	2012	2013	2014
月均收入（元）	1340	1417	1690	2049	2290	2609	2864
增长率（%）		5.7	19.3	21.2	11.8	13.9	9.8

数据来源：《2009－2014 年全国农民工监测调查报告》

接下来我们具体梳理一下关于农民工消费状况的研究现状。

消费是一个重要的经济学概念，在宏观和微观经济学研究中都有一席之地。在宏观经济学中，消费作为有效需求的核心是观测一个国家经济发

①国家统计局. 2014 年国民经济和社会发展统计公报[OL][2015－2－26]http://www.stats.gov.cn/tjsj/zxfb/201502/t20150226_685799.html.

②国家统计局. 2014 年全国农民工监测调查报告[OL][2015－4－29]http://www.stats.gov.cn/tjsj/zxfb/201504/t20150429_797821.html.

展水平的重要指标；在微观经济学中，研究微观行为主体在面临消费和储蓄问题时的最优化决策是微观经济学的一个重要内容。现代经济学对消费问题的研究是以消费函数的形式来体现的。消费函数研究经历了绝对收入理论、相对收入理论、生命周期理论、持续收入理论的变迁，影响消费的收入因素由具体的现期收入、过去收入，丰富为抽象的总收入、持久收入等。虽然目前还缺乏一个理论将消费从微观发展到宏观进行完美阐述，也没有对中国特色的农民工消费问题的研究，但是消费函数的研究对理解消费行为本身及影响消费的因素还是很有意义的。

国内学者对农民工消费问题的研究也不是很多，而且有两个方面的特征。

首先是着重研究消费问题的某个方面，或是影响消费的某一个因素，如农民工的消费在一定程度上存在的代际差异。冯桂林(1996)对农民工在消费上的主张进行了经典的概述:生活上越俭越好，能省就省，多存少花。李晓峰(2008)利用 ELES 模型验证了农民工的消费呈现了短暂性、维持性和最小化的特点。而唐有财(2009)提出了新生代农民工是以一种矛盾的心态生活在城市之中:他们一方面有着强烈的消费欲望，另一方面又要克制自身的消费欲望以增加自身的储蓄。这与老一代农民工的“能省则省”有着很大的不同。关于农民工的住房消费，董昕(2012)利用全国 106 个城市的调查数据实证分析了影响农民工住房消费的因素，得出了解决中国农民工住房问题的关键是提高农民工家庭的住房支付能力。增加农民工收入，完善包括养老、教育、医疗等在内的社会保障体系，都有助于农民工家庭住房支付能力的提高。关于农民工所消费的集体消费品，周林刚(2007)通过分析农民工集体消费品的消费情况，得出了农民工的集体消费品的消费水平均远远不如市民的结论；家庭规模和家庭经济状况等先赋性因素和是否属于管理层、有无技术证书等自致性因素显著地影响了农民工集体消费，而制度障碍和身份区隔始终是制约农民工集体消费的深层因素。在社会保险对农民工的消费影响方面，卢海阳(2014)通过分析 21 个省市的农民工的调研数据，发现城镇社会保险对农民工家庭消费具有显著的影响，养老、医疗、失业保险的影响为正，工伤保险的影响为负，并且社会保险对中低收入的农民工家庭消费支出影响较大。

其次是以消费为视角研究农民工的社会身份、社会融入等问题。严翅君(2007)指出人的消费能力是自身身份的体现,同时身份的变化又能改变人们的消费行为。他进一步指出农民工的消费方式正在发生变化,在补偿心理的作用下,虽然边际消费倾向很低,但是也存在着追逐名牌的特点。他认为这种在基础层次消费提升不足的情况下追逐名牌是一种病态的社会现象。张晶(2010)通过对在北京工作的女农民工进行分析,得出了女农民工出现趋向城市消费的消费偏好,但是由于女农民工的消费空间和消费能力从根本上受制于户籍制度、自身经济资本和文化资本的欠缺,难以进一步融入城市生活。他指出这种消费转变并非没有意义,而是作为外来者融入城市的第一步。栗娟(2014)构建了以消费为视角的农民工市民化进程效应测评指标体系,并利用宏观数据得出了当前农民工的市民化率为47.2%,低于农民工城镇化率,因此需要提高农民工的消费水平,完善公共服务体系,加强教育来提高农民工的市民化率。

由此可知,国内外学者对农民工消费问题的研究还存在着一定的不足:第一,农民工问题是中国特有的户籍制度下产生的社会现象,西方学者难以得到第一手数据,所以西方的研究只有一定的参考意义;第二,国内学者的研究往往是消费问题的某一方面和影响消费问题的某一因素,没有对农民工消费特征和影响农民工消费的因素全面描述;第三,消费支出的分析只是研究别的问题的手段,只是通过消费来研究诸如社会身份、社会融入等问题。因此本章希望利用卫计委覆盖了31个省区的大数据对影响消费的因素做一个全面的分析,来弥补上述不足。

二、数据来源、数据描述与模型构建

(一)数据来源

本章对农民工影响消费因素的实证分析所使用的数据来源于2014年国家卫计委全国流动人口动态监测结果。调查对象是在流入地居住一个月以上,非本区(县、市)户口的年龄为15—59周岁的男性和女性流动人口。样本城市总数为348个,涵盖了31个省区和新疆生产建设兵团,包括了直辖市、省会城市和人口较多的州、地级市和县级市。样本总量为19万多,其中农民工数量是16万多(注:接下来的章节若无特殊标注,数据均来自此次调查)。

(二)数据描述

本章将对消费支出产生影响的因素分为代际因素、个体因素、经济因素、社会身份、社会保障五个大类。问卷中农民工的家庭月平均收入为5063元,家庭月平均支出为2415元。平均消费倾向为0.48。

1.代际因素。

由前面的文献回顾可知,新生代农民工基于自身出生时的环境、文化水平、接受能力较老一代农民工有了很大的提高,上述因素会使得新生代农民工在消费上与老一代农民工有着很大不同。根据之前文献一些约定俗成的观点,把改革开放前出生的农民工称为老一代农民工,而改革开放后出生的农民工为新一代农民工。问卷中80后与90后就是新生代农民工,50后、60后与70后为老一代农民工。农民工的代际构成如表2—2所示。

表2—2 农民工的代际构成

	新生代农民工	老一代农民工
人数(人)	86779	82871
百分比(%)	51.2	48.8

2.个体因素。

因为农民工的人口学特征不同,他们的消费存在差异,所以本章将农民工的性别、受教育程度、家庭成员数与婚姻状况作为影响农民工消费的个体因素。

此次调查的农民工的性别和受教育程度由表2—3所示。

表2—3 农民工的性别与受教育程度分布情况

	男	女	未上过学	小学	初中	高中	中专	大专	本科	研究生
人数(人)	91130	78520	3174	25151	99450	24701	8716	6448	1956	54
百分比(%)	53.7	46.3	1.9	14.8	58.6	14.6	5.1	3.8	1.2	0.03

家庭成员数是与农民工一起居住的父母子女的总数。具体数据由表2—4所示。

表 2—4　农民工的家庭成员数

	1	2	3	4	5	6	7
人数(人)	36568	7824	67477	50029	6726	888	138
百分比(%)	21.6	4.6	39.8	29.5	4.0	0.5	0.1

此次调查的农民工的婚姻情况由表 2—5 所示。

表 2—5　农民工的婚姻情况

	未婚	初婚	再婚	离异	丧偶
人数(人)	36279	128643	1895	2245	588
百分比(%)	21.4	75.8	1.1	1.3	0.3

3.经济因素。

本章将与消费密切相关的收入作为影响消费支出的经济因素。根据持久收入理论,消费者的收入由两部分组成,一部分是预期的持久收入,另一部分是短暂性收入。而消费者的消费由持久收入决定,不会对收入的短期变化有较大的反应。基于上述原因,农民工的收入也应该由短暂性收入和持久收入两部分来表示。因此,本章将农民工的家庭月收入看作农民工的短暂性收入,把农民工能否在流入地长期工作视作农民工的预期持久收入。如果农民工能在流入地工作 5 年以上,那么意味着农民工可以预期自身能在流入地长期获得收入。由数据可知,农民工的家庭平均月收入为 5063 元。

4.社会身份。

处于不同社会身份的农民工面临的社会交际圈存在很大的差异,因此消费支出存在相当大的差异。本章认为农民工的社会身份由其就业身份和所属行业决定。根据问卷中的数据,农民工的就业身份由雇主、自营劳动者与雇员组成。由于问卷对农民工的所属行业划分较细,如果照搬其分类,会导致某些行业农民工的数据过少。因此这里根据三次产业的分类,将农民工所属行业分为第一产业、第二产业、第三产业三个部分。详细数据如表 2—6所示。

表 2—6 农民工的社会身份概况

	雇主	自营劳动者	雇员	第一产业	第二产业	第三产业
人数(人)	12720	47637	109293	25579	47039	97032
百分比(%)	7.5	28.1	64.4	15.1	27.7	57.2

5. 社会保障。

由文献回顾可知，农民工是否参与社会保险对农民工的消费支出会产生一定影响。袁志刚(1999)提出收入的不确定性会对消费支出产生影响，而社会保障体制的完善能在一定程度上降低人们对未来的不确定性，从而减少预防性的储蓄需求，增加消费支出。因为现在中国的社会保障体系与农民工相关的主要是城镇职工养老保险、城镇职工医疗保险、住房公积金和工伤保险，因此由问卷中的数据可以得到农民工实际参与社会保险的情况(如表 2—7 所示)。

表 2—7 农民工社会保险的参与情况

	城镇职工养老保险	城镇职工医疗保险	住房公积金	工伤保险
参与人数(人)	21695	19646	5816	27584
参与率(%)	12.8	11.6	3.4	16.3

(三)模型构建

基于前文分析，农民工的消费支出受到代际因素、个体因素、社会身份、经济因素和社会保障的影响。因此本章构建的计量模型的基本框架为，农民工的消费支出为被解释变量，解释变量为代际因素、个体因素、社会身份、经济因素和社会保障。由于被解释变量为连续变量，故以线性回归模型来分析农民工的消费支出。

1. 被解释变量(c)。

农民工的消费支出采用问卷中农民工的家庭月支出的数据，并对其取自然对数。

2. 解释变量(pi)。

代际因素是引入一个虚拟变量来表示农民工的代际影响。个体因素是通过农民工的性别、家庭成员数、学历和婚姻状况来描述。引入一个连续变量来表示农民工的家庭成员数；引入两个虚拟变量来分别表示农民工的性别和婚姻状况;以是否读过高中为界,将农民工分为两类,引入一个虚拟变量来表示农民工的学历。经济因素分为两个部分,一个部分是农民工的持久收入,其中现期收入是家庭的月收入,用是否在流入地连续工作5年以上来表示他能否取得预期收入的能力。另一个部分是农民工的住房支出,通过加入这个变量来研究农民工的住房支出带来的生活压力是否压缩了别的支出而导致总的消费支出变少。因此用两个连续变量分别表示农民工的家庭月收入和家庭住房支出,用一个虚拟变量表示农民工是否在流入地连续工作5年以上。社会身份也分为两个部分来表达,一个部分是农民工的职业身份,以雇员为参照,引入两个虚拟变量来表示自营劳动者和雇主这两个不同职业身份的农民工;另一个部分是农民工从事的行业,以第一产业为参照,引入两个虚拟变量分别表示第二产业与第三产业。社会保障是引入的三个虚拟变量,分别表示农民工是否参与城镇职工医疗保险、城镇职工养老保险、工伤保险以及是否拥有住房公积金。这15个变量操作如表2—8所示。

表2—8　变量定义

被解释的变量 c			连续变量:家庭月支出的自然对数
解释变量pi	代际因素	是否为新一代农民工 p_1	虚拟变量:0=老一代农民工 1=新一代农民工
	个体因素	性别 p_2	虚拟变量:0=女,1=男
		家庭成员数 p_3	连续变量
		学历 p_4	虚拟变量:0=高中以下,1=高中及以上
		婚姻状况 p_5	虚拟变量:0=婚姻关系破损,1=婚姻关系存续
	经济因素	家庭月收入 p_6	连续变量:家庭月收入的对数
		在流入地是否连续工作5年以上 p_7	虚拟变量:0=在流入地工作未满连续5年,1=在流入地连续工作5年及以上
	社会身份	自营劳动者(以雇员为参照)p_8	虚拟变量
		雇主 p_9	虚拟变量
		第二产业(以第一产业为参照)p_{10}	虚拟变量
		第三产业 p_{11}	虚拟变量

被解释的变量c			连续变量:家庭月支出的自然对数
解释变量pi	社会保障	是否参加城镇职工医疗保险 p_{12}	虚拟变量:0=未参加,1=参加
		是否参加城镇职工养老保险 p_{13}	虚拟变量:0=未参加,1=参加
		是否参加工伤保险 p_{14}	虚拟变量:0=未参加,1=参加
		是否拥有公积金 p_{15}	虚拟变量:0=未拥有,1=拥有

因此农民工消费影响因素的线性回归模型可以写为:

$$c=\alpha+\beta_1 p_1+\beta_2 p_2+\beta_3 p_3+\beta_4 p_4+\beta_5 p_5+\beta_6 p_6+\beta_7 p_7+\beta_8 p_8+\beta_9 p_9+\beta_{10} p_{10}+\beta_{11} p_{11}+\beta_{12} p_{12}+\beta_{13} p_{13}+\beta_{14} p_{14}+\beta_{15} p_{15}+\eta \quad (1)$$

(1)式中 c 为农民工的家庭月支出,p_1、p_2、……、p_{15} 表示影响农民工收入的因素,α、β_1、β_2、……、β_{15} 是待估计的参数项,η 为随机误差项。

三、实证结果与分析

(一)实证结果

由 spss17.0 运算可得表 2—9 的结果。由表 2—9 可知模型的样本量为 169650,调整后的 R_2 为 0.493,F 值为 10888.09(显著性水平为 0.000)。这表明模型整体在 1%的水平上显著,并且模型估计的拟合程度较好,故可采信模型估计结果中的变量参数,并且 16 个估计参数均在 1%的水平上显著。

表 2—9 分析结果

模型	非标准化系数		标准系数	t	Sig.
	B	标准误差	Beta		
(常量)	1.936	0.017		114.784	0.000
代际	0.062	0.002	0.053	24.877	0.000
性别	−0.008	0.002	−0.007	−3.883	0.000

模型	非标准化系数		标准系数	t	Sig.
	B	标准误差	Beta		
家庭成员数	0.039	0.002	0.081	24.709	0.000
学历	0.072	0.003	0.053	28.480	0.000
婚姻状况	0.053	0.004	0.038	12.494	0.000
家庭月收入	0.661	0.002	0.613	320.884	0.000
连续工作5年以上	0.065	0.002	0.050	26.130	0.000
自营劳动者	0.085	0.003	0.066	31.325	0.000
雇主	0.112	0.004	0.051	26.714	0.000
第二产业	−0.196	0.004	−0.151	−54.977	0.000
第三产业	−0.064	0.003	−0.055	−19.953	0.000
医疗保险	0.061	0.005	0.034	11.531	0.000
养老保险	0.075	0.005	0.043	15.225	0.000
工伤保险	−0.130	0.004	−0.083	−36.519	0.000
住房公积金	0.068	0.006	0.021	10.841	0.000
F值	10888.09				0.000
调整后的	0.493				
R_2 样本量	169650				

（二）实证结果分析

1.农民工的消费受代际因素影响明显，新生代农民工的消费要高于老一代农民工。

老一代农民工虽然有了一定的积蓄，但是他们多数都经历过苦日子，不想再回到过去那种吃不饱穿不暖的状态，在一定的家室负担下不愿多花或乱花钱，储蓄意识和节俭意识较强；80后和90后的新一代农民工在他们出生以后，中国的平均生活水平不断提高，使他们在潜意识中缺少节俭的习惯，再加上新生代农民工年龄较轻，没有家室负担，更敢于花钱来满足自身的消费欲望。并且新生代农民工接受新鲜事物的能力较强，在城市消费文化熏陶下，他们倾向于被城市的消费习惯同化，会像城市居民一样去追逐名牌产品和一定的现代生活方式，所以消费支出相对较多。因此新生代农民工的消费支出高于老一代农民工并不难理解。

2. 农民工的消费受性别差异影响不大，女性农民工的消费支出略高于男性农民工。

这与男女消费习惯的不同相关。男性购物时会更关注物品的实际使用性能，这使得男性消费时更具理性，不容易受外界因素而改变。并且男性一般会更有攒钱意识，为以后可能的大件消费品留有一定资金空间。而女性在消费时会因物品的外观、形状及情感因素产生消费动机，出现冲动消费的现象，增加了自身的消费支出。从此次模型分析使用的数据上也得出类似的结论：女性农民工的消费支出比男性多3.5%；结合代际因素考虑，新生代女性农民工的消费支出甚至比男性多6.1%，较平均水平多接近一倍。这也在一定程度上反映了新生代农民工认同城市女性的消费文化，会对护肤品和化妆品有持续消费的习惯。

3. 当婚姻关系存续良好时，农民工的消费会增加，并且家庭成员越多，消费越高。

根据数据可知，这里的婚姻关系存续包括初婚和再婚的情形，也就是说只要是现在处于婚姻关系之中就行，不管之前是否离婚。而婚姻关系破坏包括未婚、离异和丧偶这三种情形。婚姻关系存续农民工的消费支出之所以增加，是因为当农民工结婚后不是单身，而是组成一个家庭，会产生对居住环境、居住条件的要求。一般婚后的农民工就不会去住单位的宿舍、公房，而是出去租房或买房，为自己的私生活留有一点空间。这会在很大程度上增加农民工的月支出。并且农民工结婚后自身生活会更加稳定，在稳定预期下消费支出也会增加。家庭成员越多，意味着农民工生的孩子就越多。

一旦孩子出生，新的消费支出就会产生。首先是孩子的衣食住行都会产生消费支出，然后是孩子的教育，再往后就是孩子的婚嫁。所以鼓励生育能增加农民工的消费支出。同时家庭成员越多，需要的住房面积也就越大。这造成住房支出的增加，整体消费支出也会跟着增加。

4.农民工消费支出受持久收入影响。在农民工现期收入越高且预期收入稳定的前提下，其消费支出也会增加。

经济学上认为消费会随收入的增加而增加，数据结果也反映了经济学上的判断。农民工能在流入地连续工作5年以上说明其具备在流入地长期生存的能力，因此可以认为能在流入地连续工作5年以上的农民工长期收入较高。农民工的消费行为并没有逃脱经济学原理的支配。

5.农民工职业身份提高和学历的提升会增加农民工的消费支出。

随着农民工职业身份由雇员变成自营劳动者，再变成雇主，其社会关系变得逐渐复杂，由原来的只需要面对同事和主管并做好自己的工作，变成要应付社会上方方面面的关系来支持自身生意的发展。维持这些复杂社会关系的稳定需要有一定的消费支出，所以农民工在职业身份提高后，消费支出会增加。学历的提升意味着农民工的学识和见识的提高，这一方面使农民工职业身份提高的机会增加，另一方面会使农民工就业竞争的压力减轻，使农民工工作的稳定性增强。当农民工工作的稳定性增强时，农民工就更敢于消费。在这些因素的综合作用下，农民工学历的提升会带来消费的提升。

6.从事第一产业的农民工消费支出最高，与其相差不大的是从事第三产业农民工的消费支出，消费支出最少的是从事第二产业的农民工。

这与三次产业的行业性质相关。第一产业和第三产业的行业集中度较低，职工的食品支出以自己解决为主，而第二产业中制造业、采掘业、建筑业的规模都较大，吃饭方面一般为单位解决，这就很大程度减少了农民工自身消费支出。这造成了从事第一产业的农民工消费支出最多，而从事第二产业农民工的消费支出最少。

7. 参与城镇职工医保、养老保险和拥有公积金的农民工消费支出较多，而参与工伤保险农民工的消费支出则较少。

从作用机理上看，当农民工拥有的社会保障越多，农民工需要的预防性支出就越少，因此对农民工消费支出的增加有着正面的影响。从数据来看，具有城镇职工医疗保险、养老保险和住房公积金对农民工消费支出的影响差别不大。而当农民工拥有工伤保险时，农民工的消费支出是减少的。这与参加工伤保险农民工的行业一般是高危行业有关。高危行业的农民工面临的风险较大，预期收入会减少，潜在的医疗开支会增加，这降低了农民工的消费能力。

四、小结与政策建议

本章通过国家卫计委的全国流动人口动态监测结果，利用线性回归模型对影响农民工消费的因素进行分析，得出的主要结论如下。

1. 维持婚姻关系稳定，提倡多生育有利于提升农民工的消费支出。中国的传统观念对婚姻是非常重视的，但是在西方自由主义浪潮的冲击下，中国传统观念的约束力下降，婚姻的稳定性与之前相差较大，这种现象需要改变。对于多生育这个问题，虽然 2013 年 12 月国家卫计委已经提出“单独二孩”政策，提出只要父母双方有一方是独生子女，就能生育第二胎，但是力度并不够，需要进一步放开。2015 年党的十八届五中全会决议指出：“坚持计划生育的基本国策，完善人口发展战略，全面实施一对夫妇可生育两个孩子政策，积极开展应对人口老龄化行动。”[①]这是继 2013 年十八届三中全会决定启动实施“单独二孩”政策之后的又一次人口政策调整，对于应对老龄化问题和人口红利的逐步消失应该能够起到抑制作用。

2. 通过多种手段继续帮助农民工提高收入能提升农民工的消费支出。

① 中共十八届三中全会审议通过的《中共中央关于全面深化改革若干重大问题的决定》提出，坚持计划生育的基本国策，启动实施一方是独生子女的夫妇可生育两个孩子的政策，逐步调整完善生育政策，促进人口长期均衡发展。

前文中指出的农民工收入有较大的提升与他们的工作地点在较大城市有关。农民工多数在经济发达的大城市工作，导致他们比在老家工作工资高。但是与流入地的城镇居民相比，工资收入依旧较低，依然有较大的提升空间。

3.搭建创业平台，为那些有理想有抱负的农民工提供创业机会。现在国家提倡大众创业、万众创新，这同样为农民工提供了机会——毕竟各行各业都有出色的人，农民工一样需要国家提供创业机会。

4.为在职的农民工提供学历教育的机会。从数据可见，农民工的平均学历偏低，受教育水平初中及以下的人数占到总数的75.3%。而数据中拥有城镇户籍的流动人口受教育水平初中及以下的人数只占到总数的32.3%。所以农民工的学历提升有很大空间。

5.完善社会福利，消除农民工消费的后顾之忧。由数据可知，农民工参与社会保险的比例很低。这一方面是由于国家监管不够严格（农民工处于第三产业的人数较多，而第三产业一般就业方式比较灵活，不太容易监管），另一方面是农民工在不同城市间的流动性大（连续在流入地工作五年以上的只有27.1%），国内的社会保险往往在不同城市间难以接续，导致农民工参保的积极性不高，所以在完善农民工的社会保险方面还有很多工作要做。

/第三章/
农民工就业状况及影响因素分析

农民工就业状况不但关系到农民工的收入状况，还关系到农民工的社会保障、健康等状况。农民工是在改革开放进程中成长起来的一支新型劳动大军，是现代产业工人的主体，是中国现代化建设的重要力量。但是，如果农民工就业状况不佳，则有可能增加农民工失范行为的发生。[①] 因此，研究农民工就业状况就显得非常重要。

本章根据 2013 年国家卫计委《中国流动人口动态监测》数据，从农民工就业状况、就业影响因素、就业政策三个方面描述分析现今全国农民工大体的就业问题。分析发现，农民工的就业状况受到个体因素、环境因素、制度因素和法律因素的共同作用。本章在分析农民工就业影响因素的基础上提出当前农民工就业的政策建议。

一、问题的提出

如之前章节所述，截至 2015 年初，我国的进城农民工数量已经接近 3 亿，并有逐年增长的趋势。一方面，农民工通过跨省流动、省内流动，成为我

①冯虹，汪昕宇，陈雄鹰.农民工城市就业待遇与其行为失范的关系研究[J].管理世界，2013(11).

国产业工人的重要组成部分。农民工向城市的大规模转移,对改变农村面貌做出了特殊的重要贡献,对城市的建设和工业的发展提供了巨大的劳动力来源,成为推动中国经济发展和社会结构变革的巨大力量。农民工群体是推动国家现代化建设的重要力量,为经济社会发展做出了巨大贡献。另一方面,在看到农民工为我国改革开放和现代化建设做出巨大贡献的同时,也必须看到他们仍面临诸多亟待解决的问题,其中比较突出的是农民工的就业问题。就业是民生之本,更是农民工基本的权利。就业问题得不到妥善解决,就业权益得不到有效保障,农民工就无法立足于城市,无法实现由农民向市民的身份转变。

因此,解决当前农民工的就业问题,既是维护农民工合法权益的根本措施,也是全面建设小康社会、构建社会主义和谐社会的必然要求。从这一层面上说,研究农民工的就业状况,分析问题存在的原因及影响因素,采取切实措施促进农民工就业状况的改善,不仅具有重要的社会意义,而且还具有重要的现实意义。

综上所述,我认为有必要大致了解我国农民工的就业问题,探索农民工就业状况的影响因素,并提出解决措施。

不同国家学者为解决本国的"农民工"就业问题,在研究本国具体国情的基础上,都因地制宜地提出了解决措施。经济学家刘易斯(1954)年提出了关于劳动力转移的第一个理论模式。该理论认为,发展中国家并存着以农业为代表的传统部门和以工业为代表的现代部门。其中,传统部门存在近乎无限供给的剩余劳动力,现代部门以低工资从传统部门吸纳劳动力,这种吸纳最终会促使两部门劳动生产率趋于收敛。[①] 刘易斯—费景汉—拉尼斯模型较早解析了二元经济结构转化的路径。托达罗(1984)人口流动理论认为,农村人口甘愿冒着失业的风险,不断地向城市流入,究其原因是由进入城市后就业的预期收入决定的。只要进城务工的预期收入高于从事农业的收入,就阻止不了农业人口向城市移动的趋势。因此,该理论认为,增加

①孙男.农民工就业问题研究综述[J].工会博览·理论研究,2010(5):131—131.

城市就业，扩大工业投资不但不能解决就业问题，反而会增加失业。解决失业问题的根本出路是大力发展农业经济。应取消一切人为的城乡差异，积极发展农村经济，提高农业生产率，改善农村生活环境，缩小工农业差别与城乡差别，减少劳动力的城乡迁移。

鉴于特定国情，中国的农民工就业问题与西方社会的截然不同。在我国，不同时期的研究都针对农民工的阶段特性及问题提出了相应的解决对策。总体上说，对农民工就业的这些研究主要是基于问卷调查，从经济学、人口学、社会学等角度开展专题研究，通过实证分析研究影响农民工就业的因素。研究结果表明，影响农民工就业的因素涉及经济、社会、制度、法律、个人特征等多种因素。我国学者研究的内容主要反映在以下五个方面。

1. 农民工的就业类别。

对农民工进行科学的分类，有助于提出更有针对性的结论。根据不同的职业类别，按照农民工所在企业的性质，杨冬民等(2006)将进城务工的农民工分为四类：从事建筑业的农民工，不断漂泊于各建筑工地；从事零工的自主就业者，是典型的非正规就业群体，无任何社会保障，易成为社会的不稳定因素；从事制造业的农民工；从事城市基础服务行业的工作人员及从事各类业务的人员。他们在就业保障、社会地位、劳动技能、工作待遇等方面均存在较大差异。但由于农民工就业存在不稳定性，各类人员经常处于职业转换状态，对职业的分类界限模糊。

2. 影响农民工就业状况的因素。

农民就业与增收调查小分队(2006)认为，农民工自身文化水平低、就业的信息渠道有限、劳动力市场供需有矛盾、农村劳动力外出组织化程度低、劳动力就业市场机制不健全是影响农民工在城市就业的主要因素。另外，卢志刚(2006)单从农民工收入水平的影响因素出发，通过与城市居民进行比较，得出以下结论：农民工的收入水平与年龄、工龄、工作经验、受教育程度、企业性质以及合同期限等因素有关。

3. 农民工的就业途径。

朱方晴(2006)等人对农民工就业途径的研究较多，所得出的结论基本一致。对实证调查结果的总结表明农民工寻找工作的途径大多是通过朋友、亲戚、老乡等社会关系，而通过政府部门、社会中介组织、新闻媒体找工作的比例较小。大部分农民工之所以通过朋友、亲戚、老乡等寻找工作，究其原因，一是该途径成本低、成功率高且在心理上有依靠感；二是政府部门没有充分发挥其引导作用和服务职能；三是通过正规中介组织找工作要缴纳中介费用，成本较高，手续繁琐，而且大多数中介为无证经营的黑中介，以骗钱为目的，服务质量无保障；四是他们认为新闻媒体在农民工就业现状与对策中传播虚假信息，担心会上当受骗。

4.促进农民工就业的策略。

李晓东(2006)提出解决农民工就业的相关途径包括：消除城乡分割的制度障碍，保障农民工合法权益不受侵害；增加就业岗位，给农民工更多的就业机会；加强对农民工技能的培训，增强其就业竞争力等。另外，李强(2002)和李树茁(2007)把农民工的劳动就业问题与社会网络、非正规就业等问题联系起来加以微观分析，说明影响农民工就业的相关因素，分析其就业现状的一个侧面问题。

5.新生代农民工就业问题作为一个群体现象，受到的关注度更高。

新生代农民工主要是指80、90后农民工，以“三高一低”为特征，即受教育程度高，职业期望值高，物质和精神享受要求高，工作耐受力低。新生代农民工不同于以往的农民工，具有更加明显的特点，如更加注重个人享受，更加注重个人价值的实现以及社会的认同，更加向往城市生活。马健(2011)在《重庆市新生代农民工就业问题实证分析》对重庆市的新生代农民工进行了研究，提出了“应继续完善帮助解决农民工进城落户的政策，更好地为农民进城落户做好服务；全面实施引导返乡创业和鼓励发展微型企业”等建议。①

本章则试图通过对2013年国家卫计委《中国流动人口动态监测》数据中农民工的样本数据进行整理分析，探索现今农民工就业的大体状况，试图寻

①韩占阔，王韵，薛予宁等.农民工就业问题理论研究综述[J].大江周刊：论坛，2012(7)：93－93.

找影响农民工就业的因素，在此基础上提出相对应的政策建议。

二、中国农民工就业状况分析

（一）不同基本特征农民工就业状况分析

从性别上看，男性与女性在就业状况的选择上有不同的特点。除其他行业外，在建筑业男性所占比例为12.8%，女性仅为2.5%，男性所占比例远远高于女性；在制造业男性所占的比例为19.4%，女性所占比例为17.0%，男性略高于女性；而在批发零售、住宿餐饮、社会服务业女性所占比例均高于男性。由此可以推断女性相对于男性较为柔弱，所选择的行业倾向于服务餐饮类，而男性身体较为强壮，所选行业多为需要体力的建筑、制造类。

从婚姻情况来看，未婚群体与已婚群体对职业的选择有所不同。除其他行业外，未婚群体主要以制造业为主，所占比例为24.6%，已婚群体主要以批发零售业为主，所占比例为22.4%；在制造业、住宿餐饮业、社会服务业中未婚人群所占比例均高于已婚人群，而在建筑业、批发零售业中，已婚人群所占比例均高于未婚人群。

从年龄分布上来看，除其他行业外，15—19岁、20—24岁人群职业选择主要以制造业为主，且15—19岁（26.7%）人群所占比例要高于20—24岁（24.6%）人群；35—49岁年龄段人群职业选择主要以批发零售业为主，所占平均比例在为23.4%。随着年龄的增加，选择制造业、住宿餐饮业、社会服务业的人群比例不断减少，而选择建筑业、批发零售业的人群比例逐渐上升。

从教育程度上来看，除建筑与其他行业外，以高中教育程度为分界线，随着文化程度的增加，高中及高中以下人群在批发零售、住宿餐饮、社会服务业所占比例持续上升，而高中以上（不含高中）人群在制造业、批发零售、住宿餐饮、社会服务业所占比例持续下降。选择制造业比例最高的是中专教育程度的农民工，选择建筑业比例最高的是小学教育程度的农民工，选择批发零售、住宿餐饮、社会服务比例最高的是高中教育程度的农民工。

表 3－1　不同基本特征与农民工职业选择交叉表

单位：%

基本特征		制造业	建筑	批发零售	住宿餐饮	社会服务	其他行业	合计
性别	男	19.4	12.8	19.6	11.8	9.9	26.5	100.0
	女	17.0	2.5	21.3	14.4	10.3	34.5	100.0
婚姻情况	未婚	24.6	6.0	13.0	18.4	12.5	25.5	100.0
	已婚	16.6	8.6	22.4	11.5	9.4	31.5	100.0
年龄组	15－19 岁	26.7	3.9	9.0	18.9	10.3	31.2	100.0
	20－24 岁	24.6	5.3	14.9	15.8	11.2	28.2	100.0
	25－29 岁	19.5	6.4	19.4	12.8	10.4	31.5	100.0
	30－34 岁	17.1	7.1	23.2	12.2	9.8	30.6	100.0
	35－39 岁	16.7	9.2	23.6	11.9	9.5	29.2	100.0
	40－44 岁	15.5	10.5	23.5	12.0	9.8	28.7	100.0
	45－49 岁	13.1	12.6	23.3	10.9	9.7	30.5	100.0
	50－54 岁	11.2	12.6	20.3	10.8	9.4	35.6	100.0
	55－59 岁	10.0	12.1	17.5	9.2	9.7	41.5	100.0
教育程度	未上过学	16.9	7.0	14.9	10.8	7.9	42.5	100.0
	小学	17.5	10.0	17.5	10.8	8.7	35.5	100.0
	初中	18.9	8.3	20.9	13.7	9.9	28.2	100.0
	高中	15.3	6.7	23.7	14.6	11.7	28.0	100.0
	中专	22.9	5.1	18.4	12.6	11.8	29.2	100.0
	大学专科	18.5	6.1	17.9	8.0	11.6	37.7	100.0
	大学本科	16.9	6.5	13.1	6.0	7.4	50.0	100.0
	研究生	16.7	3.7	3.7	3.7	7.4	64.8	100.0
合计		18.3	8.1	20.4	13.0	10.1	30.2	100.0

(二)农民工职业状况影响因素分析

本部分通过不同基本特征对农民工居住状况影响分析，采用多元 logistic 回归对农民工职业状况影响因素进行分析，其中因变量为就业所属行业，是一个分类变量。自变量分为三组：第一组为农民工自身基本特征，包括农民工的性别状况、婚姻状况、农民工年龄；第二组为人力资本因素，包括受教育年数、工作年数；第三组为行业所属性质特征，包括就业单位性质。

表 3—2 变量说明

变量类型	变量名称	数值类型	变量说明
因变量	就业所属行业	分类变量	制造业＝1，建筑＝2，批发零售＝3，住宿餐饮＝4，社会服务＝5，其他行业＝6
自变量	性别	虚拟变量	女＝0，男＝1
	婚姻	虚拟变量	未婚＝0，其他＝1
	年龄	连续变量	
	工作年数	连续变量	
	受教育年数	连续变量	
	就业单位性质	分类变量	土地承包者＝1，机关、事业单位＝2，国有及国有控股企业＝3，集体企业＝4，个体工商户＝5 私营企业＝6，港澳台企业＝7，日韩企业＝8，欧美企业＝9，中外合资企业＝10，其他＝11，无单位＝12

以其他行业作为参考类别，应用 SPSS 软件得到如下多元 logistic 回归结果（表 3—3，表 3—4，表 3—5，表 3—6，表 3—7，表 3—8）。

表 3—3 似然比检验

效应	模型拟合标准	似然比检验		
	简化后的模型的—2 倍对数似然值	卡方	df	显著水平
截距	39351.143a	0.000	0	
受教育年数	41279.477	1928.334	5	0.000
工作年数	40708.157	1357.014	5	0.000
婚姻情况	40917.722	1566.579	5	0.000
性别	45729.573	6378.429	5	0.000
就业单位性质	118649.658	79298.515	55	0.000

从表 3—3 似然比检验结果可以看到，受教育年数、工作年数、婚姻情况、性别和就业单位性质的显著水平均为 0.000，表示很显著，说明自变量受教育年数、工作年数、婚姻情况、性别和就业单位性质与因变量就业所属行业有显著性意义。

表 3—4 制造业多元 logistic 回归结果

行业		B	标准误差	Wald	df	显著水平	Exp(B)	Exp(B)的置信区间 95%	
								下限	上限
制造业	截距	−0.415	0.079	27.482	1	0.000			
	年龄	−0.026	0.001	377.411	1	0.000	0.974	0.972	0.977
	工作年数	−0.012	0.002	25.247	1	0.000	0.988	0.984	0.993
	受教育年数	−0.133	0.004	1272.649	1	0.000	0.875	0.869	0.881
	男	−0.194	0.019	101.876	1	0.000	0.824	0.793	0.855
	女	0[b]			0				
	未婚	−0.152	0.027	31.643	1	0.000	0.859	0.814	0.905
	已婚	0[b]			0				
	土地承包者	−1.011	0.138	53.667	1	0.000	0.364	0.278	0.477
	机关、事业单位	−1.028	0.204	25.292	1	0.000	0.358	0.24	0.534
	国有及国有控股企业	2.104	0.06	1237.544	1	0.000	8.197	7.29	9.216
	集体企业	2.615	0.07	1401.503	1	0.000	13.67	11.921	15.676
	个体工商户	1.955	0.052	1418.681	1	0.000	7.065	6.382	7.822
	私营企业	3.682	0.05	5416.058	1	0.000	39.737	36.025	43.832
	港澳台企业	5.292	0.086	3753.735	1	0.000	198.793	167.832	235.466
	日韩企业	5.492	0.151	1327.26	1	0.000	242.832	180.709	326.311
	欧美企业	4.76	0.182	687.426	1	0.000	116.704	81.764	166.574
	中外合资企业	4.685	0.08	3432.173	1	0.000	108.341	92.623	126.727
	其他	0.859	0.108	63.611	1	0.000	2.361	1.912	2.917
	无单位	0[b]			0				

a. 参考类别：其他行业

从表 3—4 结果可以看出，与其他行业相比，制造业在年龄、受教育年数、工作年数、婚姻情况、性别和就业单位性质上都有显著意义。其中年龄、工作年数、受教育年数、男性、未婚、土地承包者、机关、事业单位等变量的回归系数为负值，显著不为零，说明制造业与其他行业相比，随着年龄的增加，农民工更容易选择其他行业就业；随着工作年数的增加，农民工更倾向于选择其他行业就业；男性与女性相比，男性在职业选择上更容易选择其他行业；未婚与已婚相比，未婚人群在职业选择上更容易选择其他行业；在就业单位性质上，与无单位性质相比，土地承包者，机关、事业单位性质的更容易选择其他行业，而国有及国有控股企业、集体企业、个体工商户、私营企业、港澳台企业、日韩企业、欧美企业、中外合资企业与其他单位性质的更容易选择制造业。

表 3－5　建筑业多元 logistic 回归结果

行业		B	标准误差	Wald	df	显著水平	Exp(B)	Exp(B)的置信区间 95%	
								下限	上限
建筑	截距	−1.574	0.077	413.145	1	0.000			
	年龄	0.013	0.001	76.111	1	0.000	1.013	1.010	1.016
	工作年数	0.009	0.002	16.548	1	0.000	1.009	1.005	1.014
	受教育年数	−0.064	0.004	207.205	1	0.000	0.938	0.930	0.946
	男	1.130	0.028	1660.116	1	0.000	3.096	2.932	3.269
	女	0^b			0				
	未婚	−0.072	0.034	4.514	1	0.034	0.930	0.871	0.994
	已婚	0^b			0				
	土地承包者	−1.032	0.062	281.474	1	0.000	0.356	0.316	0.402
	机关、事业单位	−2.428	0.161	227.121	1	0.000	0.088	0.064	0.121
	国有及国有控股企业	−0.427	0.048	78.715	1	0.000	0.652	0.594	0.717
	集体企业	0.482	0.059	67.458	1	0.000	1.619	1.443	1.816
	个体工商户	−0.243	0.031	61.541	1	0.000	0.784	0.738	0.833
	私营企业	0.576	0.029	403.343	1	0.000	1.779	1.682	1.882
	港澳台企业	−2.313	0.385	36.093	1	0.000	0.099	0.047	0.210
	日韩企业	−1.409	0.520	7.350	1	0.007	0.244	0.088	0.677
	欧美企业	−1.541	0.600	6.587	1	0.010	0.214	0.066	0.695
	中外合资企业	−1.223	0.194	39.896	1	0.000	0.294	0.201	0.430
	其他	−0.687	0.089	60.196	1	0.000	0.503	0.423	0.598
	无单位	0^b			0				

a. 参考类别：其他行业

从表3—5结果可以看出，与其他行业相比，建筑业在年龄、受教育年数、婚姻情况、性别和就业单位性质上都有显著意义。其中受教育年数、未婚、土地承包者、机关、事业单位、国有及国有控股企业、个体工商户、港澳台企业、日韩企业、欧美企业、中外合资企业与其他单位性质等变量的回归系数为负值，显著不为零，说明在建筑业与其他行业相比，随着教育程度的增加，农民工更容易选择其他行业就业；未婚农民工更倾向于选择其他行业就业。

在就业单位性质上，与无单位性质相比，土地承包者、机关、事业单位、国有及国有控股企业、个体工商户、港澳台企业、日韩企业、欧美企业、中外合资企业与其他单位性质的更容易选择其他行业，而集体企业、私营企业性质的更容易选择建筑业。从性别上看，男性与女性相比，男性在职业选择上更容易选择建筑业；随着年龄的增加，建筑业与其他行业相比，年龄越大的农民工越容易选择建筑业。

表3—6 批发零售业多元 logistic 回归结果

行业		B	标准误差	Wald	df	显著水平	Exp(B)	Exp(B)的置信区间95%	
								下限	上限
批发零售	截距	−1.062	0.068	246.980	1	0.000			
	年龄	0.003	0.001	5.963	1	0.015	1.003	1.001	1.006
	工作年数	0.013	0.002	39.077	1	0.000	1.013	1.009	1.017
	受教育年数	0.036	0.004	86.972	1	0.000	1.036	1.029	1.044
	男	−0.650	0.019	1232.129	1	0.000	0.522	0.503	0.541
	女	0^b			0				
	未婚	−0.139	0.029	23.359	1	0.000	0.871	0.823	0.921
	已婚	0^b			0				
	土地承包者	−3.444	0.195	311.217	1	0.000	0.032	0.022	0.047
	机关、事业单位	−4.191	0.356	138.858	1	0.000	0.015	0.008	0.030
	国有及国有控股企业	−1.944	0.091	457.700	1	0.000	0.143	0.120	0.171
	集体企业	−0.325	0.077	17.696	1	0.000	0.723	0.621	0.841

行业		B	标准误差	Wald	df	显著水平	Exp(B)	Exp(B)的置信区间 95%	
								下限	上限
批发零售	个体工商户	2.263	0.027	7172.806	1	0.000	9.613	9.122	10.130
	私营企业	−0.110	0.033	11.108	1	0.001	0.896	0.839	0.956
	港澳台企业	−0.997	0.189	27.873	1	0.000	0.369	0.255	0.534
	日韩企业	−0.402	0.294	1.872	1	0.171	0.669	0.376	1.190
	欧美企业	0.796	0.233	11.623	1	0.001	2.216	1.402	3.501
	中外合资企业	−0.265	0.122	4.687	1	0.030	0.767	0.604	0.975
	其他	−1.519	0.131	134.953	1	0.000	0.219	0.169	0.283
	无单位	0^b			0				

a. 参考类别：其他行业

从表 3−6 结果可以看出，与其他行业相比，除就业单位性质中日韩企业没有显著性差异外，批发零售业在年龄、受教育年数、工作年数、婚姻状况、性别和就业单位性质上都有显著意义。其中男性、未婚、土地承包者、机关、事业单位、国有及国有控股企业、集体企业、私营企业、港澳台企业、中外合资企业与其他单位性质等变量的回归系数为负值，显著不为零，说明在批发零售业与其他行业相比，男性在职业选择上更容易选择其他行业；未婚与已婚相比，未婚人群在职业选择上更容易选择其他行业；在就业单位性质上，与无单位性质相比，土地承包者、机关、事业单位、国有及国有控股企业、集体企业、私营企业、港澳台企业、中外合资企业与其他单位性质的更容易选择其他行业，而个体工商户、欧美企业单位性质的更容易选择批发零售业；随着年龄、工作年数、受教育程度的增加，与其他行业相比，农民工更容易选择批发零售业。

从表 3−7 结果可以看出，与其他行业相比，除年龄、就业单位性质中日韩企业、欧美企业没有显著性差异外，住宿餐饮业在受教育年数、工作年数、婚姻状况、性别和就业单位性质上都有显著意义。其中男性、受教育年数、工作年数、土地承包者、机关、事业单位、国有及国有控股企业、港澳台企业与其他单位性质等变量的回归系数为负值，显著不为零，说明住宿餐饮业与其他行业相比，男性在职业选择上更容易选择其他行业；随着受教育程度、工作年数的增加，农民工在职业选择上更容易选择其他行业；在就业单位性质上，与无单位性质相比，土地承包者、机关、事业单位、国有及国有控股企业、港澳台企业与其他单位性质的更容易选择其他行业，而集体企业、个体工商户、私营企业、中外合资企业单位性质的更容易选择批发零售住宿餐饮业；未婚与已婚在住宿餐饮业和其他行业相比，未婚人群农民工更容易选择住宿餐饮业。

表 3－7　住宿餐饮业多元 logistic 回归结果

行业		B	标准误差	Wald	df	显著水平	Exp(B)	Exp(B)的置信区间 95%	
								下限	上限
住宿餐饮	截距	−0.775	0.075	107.687	1	0.000			
	年龄	−0.001	0.001	0.173	1	0.678	0.999	0.997	1.002
	工作年数	−0.062	0.003	557.581	1	0.000	0.940	0.935	0.945
	受教育年数	−0.047	0.004	139.686	1	0.000	0.954	0.947	0.961
	男	−0.714	0.020	1305.429	1	0.000	0.490	0.471	0.509
	女	0^b			0				
	未婚	0.559	0.028	387.374	1	0.000	1.749	1.654	1.849
	已婚	0^b			0				
	土地承包者	−3.368	0.280	144.298	1	0.000	0.034	0.020	0.060
	机关、事业单位	−0.918	0.115	64.269	1	0.000	0.399	0.319	0.500
	国有及国有控股企业	−0.732	0.082	79.252	1	0.000	0.481	0.409	0.565
	集体企业	0.383	0.082	21.721	1	0.000	1.467	1.249	1.724
	个体工商户	2.414	0.036	4536.944	1	0.000	11.183	10.425	11.997
	私营企业	1.397	0.038	1369.878	1	0.000	4.042	3.754	4.352
	港澳台企业	−0.328	0.188	3.034	1	0.082	0.721	0.499	1.042
	日韩企业	0.220	0.295	0.557	1	0.455	1.247	0.699	2.223
	欧美企业	0.387	0.373	1.078	1	0.299	1.473	0.709	3.059
	中外合资企业	0.476	0.124	14.721	1	0.000	1.609	1.262	2.052
	其他	−1.090	0.155	49.719	1	0.000	0.336	0.248	0.455
	无单位	0^b			0				

a. 参考类别：其他行业

表 3—8 社会服务业多元 Logistic 回归结果

行业		B	标准误差	Wald	df	显著水平	Exp(B)	Exp(B)的置信区间 95%	
								下限	上限
社会服务	截距	−0.820	0.075	120.981	1	0.000			
	年龄	−0.001	0.001	0.194	1	0.660	0.999	0.997	1.002
	工作年数	−0.005	0.002	3.971	1	0.046	0.995	0.991	1.000
	受教育年数	−0.002	0.004	0.268	1	0.604	0.998	0.990	1.006
	男	−0.567	0.020	766.857	1	0.000	0.567	0.545	0.590
	女	0^b			0				
	未婚	0.441	0.030	220.629	1	0.000	1.555	1.467	1.648
	已婚	0^b			0				
	土地承包者	−3.549	0.226	246.204	1	0.000	0.029	0.018	0.045
	机关、事业单位	−0.257	0.067	14.553	1	0.000	0.773	0.677	0.882
	国有及国有控股企业	−1.075	0.069	244.271	1	0.000	0.341	0.298	0.390
	集体企业	0.733	0.060	151.381	1	0.000	2.081	1.852	2.339
	个体工商户	1.277	0.030	1848.906	1	0.000	3.584	3.382	3.799
	私营企业	0.548	0.032	291.334	1	0.000	1.730	1.624	1.842
	港澳台企业	−1.153	0.206	31.265	1	0.000	0.316	0.211	0.473
	日韩企业	−0.298	0.287	1.076	1	0.300	0.743	0.423	1.303
	欧美企业	−0.261	0.356	0.538	1	0.463	0.770	0.383	1.548
	中外合资企业	−0.187	0.124	2.274	1	0.132	0.830	0.651	1.058
	其他	−0.427	0.090	22.662	1	0.000	0.653	0.548	0.778
	无单位	0^b			0				

a. 参考类别：其他行业

从表 3—8 结果可以看出，与其他行业相比，除年龄，受教育年数，就业单位性质中日韩企业、欧美企业、中外合资企业没有显著性差异外，社会服务业在工作年数、婚姻情况、性别和就业单位性质上都有显著意义，其中男性、工作年数、土地承包者、机关、事业单位、港澳台企业与其他单位性质等变量的回归系数为负值，显著不为零，说明在社会服务业与其他行业相比，男性在职业选择上更容易选择其他行业；随着工作年数的增加，农民工在职业选择上更容易选择其他行业；在就业单位性质上，与无单位性质相比，土地承包者、机关、事业单位、港澳台企业与其他单位性质的更容易选择其他行业，而集体企业、个体工商户、私营企业单位性质的更容易选择社会服务业；未婚与已婚在社会服务业和其他行业相比，未婚人群农民工更容易选择社会服务业。

三、中国农民工就业影响因素分析

（一）个体因素

1. 文化素质偏低。

文化素质偏低是制约农民工就业的主要因素之一。由于文化和技术素质偏低，农民工很难进入技术含量较高和岗位较好的行业内工作，脏、苦、重、累、险等低技术含量的行业或工种成为他们必然的选择。农民工文化和素质偏低也严重影响了他们自主创业。

2. 职业技能培训机制薄弱。

据国务院发展研究中心课题组 2009 年对全国 7 省市 6232 名农民工的调查显示，我国农民工以初中文化程度为主，其中没有技能等级的占 58.2%，初级技工占 21.9%，中级技工占 15%，高级技工占 3%，技师占 1.4%，高级技师仅占 0.5%。职业技能偏低、知识结构和技术结构不合理，也是造成农民工就业难的主要因素。快速提高农民工素质的有效途径是对他们进行职业技能培训。但是从目前情况来看，农民工就业培训和就业服务体系还不完善，培训力度不大，资金投入不足，农民工本人的培训意识不强。有些地方虽然每年搞培训，要么培训内容与农民工的需求不相适应，要么农民工担心学无所用而不去接受培训，使培训发挥不了其应有的作用。还有些地方大力争取培训经费，搞培训只是为了从中赚钱，培训只是走过场。由于农民工得不到有效培训，企业所需要的技能型农民工严重短缺，劳力型农民工却大量过剩。于是，在一些地区出现了一个怪现象，即一方面是农民工就业难，另一方面是企业招工难。“两难”的存在，让企业和农民工都在利益面前显得无可奈何。[①]

---

①孟凡华.从春风到春潮：人社部农民工培训提速[J].职业技术教育，2014(12)：64—66.

(二)环境因素

1. 就业信息渠道不畅。

农村的落后和闭塞,是导致农民工就业信息渠道不畅的重要原因。一般外出打工的农民都生活在比较封闭和落后的农村,没有很好的获取信息的平台,很难了解到哪里需要工人,哪里有适合自己的岗位。大部分农民工的外出就业信息来源于非正规渠道,即主要通过"血缘、人缘和地缘"关系获得,也就是说通过亲戚、朋友、同乡的介绍而获得。虽然在一些城市,各级政府组织也建立了一些相对规范的农民工劳务市场,但是在很大程度上还不能满足农民工就业的需求。从总体上来看,比较规范的农民工劳动力市场中介还很缺乏,这就增加了农民工外出就业的盲目性、随意性、不确定性和不稳定性。

2. 行业和工种的限制。

在城乡二元户籍管理制度下,许多城市都不同程度地存在各种针对农民工进城就业的歧视性政策。如上海对农民工所从事的行业和工种进行了限制,规定调度员、金融与保险、各类管理业务员等共计 20 多个工种禁止农民工进入。《武汉市使用外来劳动力管理规定》更是将农民工从事的行业工种分为三类进行管理,即可使用、控制使用和禁止使用。另外,还有一些大中城市都有类似的限制性政策,如北京、深圳等。我国《劳动法》第 3 条明确规定"劳动者有平等就业的权利",但事实上,这项权利只限定在纸上,很难转化为实际权利。许多城市通过一些歧视性规定和不合理限制对农民工从总量上进行控制,从职业和工种上进行限制,或者在同等条件下,优先安排城市人口就业。[①] 由于就业歧视的存在,农民工就业选择受到影响,他们很难进入比较好的行业工作,即使进入比较好的行业,也得不到比较好的工种。农民工所从事的绝大多数还是环境恶劣、待遇较差、收入也不高的边缘性职业,即主要是制造业、建筑业和服务业中的一些工种,"次属劳动力市场"是农民工的主要雇佣领域。农民工被迫沦为城市的边缘人。即使是新生代农民工,其就业状况也逃脱不了类似的命运。就业歧视的存在,还导致

---

①赵芳. 城乡统筹发展背景下农民工就业问题研究[J]. 社会科学家,2010(8):49-52.

农民工群体应有的合法权益往往得不到保障，克扣和拖欠工资、薪酬待遇低、劳动时间长、劳动和卫生条件差等都不同程度地存在着。据国家统计局2009年的一项调查结果显示，被雇佣的农民工平均每月工作时间为26天，每周工作时间为58.4小时，超出了我国《劳动法》每周工作时间为44小时的规定，且每周工作时间多于规定时间的约占89.8%。很多企业不能依法足额及时发放加班费。国务院发展研究中心课题组2009年的调查显示，有47%的农民工没有加班费。[①]

3.金融危机的影响。

2008年以来世界金融危机使得世界经济发生了明显的变化。长期以来，中国被称为"世界制造工厂"，从事加工制造的劳动力供给中以农民工为主。在制造业中，加工生产处在产业链的末端，该环节利润最少，只得到整个产业链大概一成的利润。全球经济环境的变化给我国经济运行带来巨大压力，这也是导致我国大量农民工失去工作的原因之一。据官方统计，2008年返乡农民工达2000万人。尽管这两年随着经济形势的好转，企业开始复苏，农民工在城市就业人数有所增加，但从目前来看，就业形势仍不容乐观。[②]

(三)制度因素

1.户籍制度的约束。

"城乡分割"的二元户籍管理制度在我国历史上曾经发挥过积极的作用，但改革开放后它的消极作用日益明显。这种二元户籍管理制度，一方面使得具有本市户籍的劳动者可以比较容易进入高端劳动力市场就业，享受好的劳动环境、好的待遇、高的收入和福利；而没有本市户籍的外来农民工只能选择在低端劳动力市场就业，其劳动环境差、福利待遇差、收入低。这就造成了一种人为的不公平。农村大量剩余劳动力只能进入低端劳动力市场，使农村劳动力呈现供大于求的局面，造成农民工工作极不稳定，随时面临着被解雇的危险。另一方面，由于户籍制度的壁垒，农民工无法融入城

①刘志明.促进农民工就业问题初探[J].经济问题，2012(7)：96－99.

②崔祥民.国外农民工人力资源开发的经验与启示[J].世界农业，2010(2)：61－63.

市，形成漂泊不定的流动人口。他们在城市中没有正式的身份，使得他们在教育、住房、社会保障等方面面临着一系列的困难。不但如此，他们还要缴纳名目繁多的赞助费、管理费等多项不合理费用。这些都增加了他们进城打工的成本。户籍制度让农民失去了迁徙的自由，进一步扩大了已经存在的城乡差别。①

2.社会保障制度滞后。

国家统计局最近发布的《城市农民工生活质量状况的调查报告》显示，90%以上的农民工没有享受住房补贴和住房公积金，大约五成的农民工得不到工伤补偿或加班补贴，近四成农民工没有和单位签订任何劳动合同。劳动和社会保障部的一份调研显示，在医疗、养老、工伤、失业、生育五大社会保险中，农民工养老保险的总体参保率仅为15%左右，医疗保险的平均参保率为10%左右，没有参加失业保险的农民工占绝大多数，农民工基本没有参加生育保险。农民工社会保障制度建立的滞后和不完善，导致农民工的后顾之忧没有得到很好解决，农民工子女的成长、教育和空巢老人的赡养问题得不到保障。虽然政府及相关部门对企业用工缴纳养老、工伤保险等做出了一些规定，但是农民工流动性强，社会保障统筹级次低，农民工养老保险关系缺乏异地转移与接续制度，导致农民工参保积极性较低，许多农民工在参保后随着工作环境的变动而退保的现象时有发生。此外，农民工在福利制度、教育制度、住房制度、劳动就业制度、财政制度、人事制度、组织制度、人口迁移制度等方面也与城市居民享有不同待遇。在这种制度体系下，公平和公正的严重缺失、社会地位的不平等，加大了农民工就业的难度，农民工日益成为一个社会边缘群体。②

（四）法律因素

一方面，立法不完善。我国现行的法律法规中，没有一条明确保护农民工权益的条款，而《劳动法》中的规定又不详细、不明确，过于抽象、笼统，缺乏可操作性，致使农民工的失业、养老、医疗、住房、劳动保护等方面权益缺

①马翀.杭州市农民工就业现状调查分析[J].中国商贸，2013(32)：143－144，146.

②魏下海，黄乾.天津市农民工就业现状与收入影响因素研究[J].农业技术经济，2011，(5)：33－41.

乏有效的法律保护。另一方面,执法不力,监督不严,使法律、法规得不到真正落实,也成为导致农民工的权益不能得到充分保护的原因之一。此外,农民工对相关法律知之甚少,不懂得如何去维护自己的正当权益,在企业面前他们显得束手无策,个人的力量显得微不足道。在这种情况下,很需要一个专门的法律援助机构来帮助这个弱势群体。而目前,我国还基本上没有这类法律援助机构。法律制度的明显缺失,使农民工长期处于弱势地位,影响了农民工的稳定就业。目前有40%的农民工没有固定工作,且经常变换工种和就业的地点。不少农民工外出就业成了"游击战"。

四、当前农民工就业策略建议

通过对中国农民工就业现状的实际调查可以发现,农民工在收入、福利待遇、劳动权益、就业服务、劳动力市场公平等方面存在较严重问题。这些问题的产生一方面源于市场机制的不完善,另一方面源于制度的缺失和不公平。为此,完善市场机制、创新制度应该是农民工在劳动力市场发展进程中社会经济与制度变迁的基本路径取向。

1. 建立农民工专属的全国就业信息网络平台。

建立农民工全国就业信息网,可以有效整合信息资源,引导农民工有序就业,解决农民工跨地区就业信息互联互通的问题。当前我国的信息公共服务网覆盖部、省、市三级,尚未形成农民工就业信息的全国联网。为此,应尽快推进农民工全国就业信息网工程建设,打造全国范围内的信息互联互通模式,建立起由国家、省、市、县(区)、乡镇(街道)五级构成的综合性、专业性的信息网络,为农民工就业搭建渠道畅通的正规化信息桥梁。因此,首先,各级政府要积极建立比较规范的农民工劳动力市场中介组织,为农民工提供更多、更准确的免费市场信息,降低农民工就业的盲目性和随意性,促进农村劳动力合理有序流动。其次,用工单位可以与劳务输出地区建立信息沟通机制,共建用工信息发布平台和技能人才互助培训机制,做好劳动力供需衔接,以满足企业用工和农民工就业双向需求,最终达到"双赢"的效果。对于资金缺乏的中小企业或私营个体企业,政府要统一出资搭建临时性的招聘平台,供供需双方双向选择。再次,要建立农民工就业促进组织,利用社会组织帮助农民工找到适合自己的工作岗位,农民工也能通过就业促进组织维护自己的各种合法权益。最后,各地政府也可以在广泛收集各种就业信息的情况下，开展送岗下乡活动，为农民工召开专场招聘会，帮助农民工就业。

2.改革二元户籍管理体制。

适应市场经济体制的要求，必须彻底改革城乡二元户籍管理体制，建立全国统一的以身份证管理为主的一元户籍制度，逐步形成农民工与城市居民身份统一、权利一致、地位平等的制度体系，促进农民到城镇就业由流动就业向稳定就业转化，促进农民工市民化。要建立城乡统一的、规范的劳动力市场，促进城乡劳动者在统一的劳动力市场中进行平等、有序的竞争，让有文化、有技术、有能力的农民工在这个平台中脱颖而出，找到适合自己的岗位。要下决心坚决取消限制农民工就业的各种歧视性规定和影响农民工就业的各种不合理收费。要拓宽社会保障覆盖范围，统筹城乡社会保障制度，积极探索建立低费率、广覆盖、统筹层次高、可自由转移续接并能与城乡养老保险和医疗保险制度相衔接的农民工养老、医疗保险制度，最终实现城乡保障一体化。同时要大力推进基本公共服务均等化，统筹考虑农民工对各项公共服务的需要，使农民工在住房、子女义务教育等公共服务方面与城市居民享有同等待遇，解决好农民工的后顾之忧。①

3.完善相关法律制度。

目前我国基本上建立了与社会主义市场经济相匹配的就业法律体系，但是与农民工就业、失业相关的法律法规条例还不够完备，还需要进一步加强和完善立法工作。相关机构可在条件成熟时制定和出台《农民工权益保障法》，保障农民工的劳动时间不受侵犯，保障农民工的工资和加班费能按时足额发放，并建立欠薪预警制度等劳动权益保护制度，切实保障农民工的权益。同时要求各地政府和企业要围绕《就业促进法》和《劳动合同法》制定具体的实施办法，让农民工与城镇劳动者平等享有自由选择职业的权利、依法签订劳动合同的权利、同工同酬的权利、免费获得公共就业服务机构的职业指导和职业介绍等服务的权利、按照规定享受职业培训和职业技能鉴定补贴的权利以及法律法规规定的其他权利。要加大执法、监督力度，对于危害农民工权益者给予必要的严惩和打击。此外要加强对企业用工的监督力

①陈森斌，杨舸.改革开放后的农民工政策思路变迁[J].人口与发展，2013，19(2)：10－17.

度，通过仲裁机构为农民工提供法律援助，帮助他们及时解决劳资纠纷，从法律上保障他们的各项权益。①

4. 提高农民工综合素质。

这里讲的农民工的综合素质主要包括两个方面，即基础教育素质和职业技能素质。首先，要重视基础教育素质的培养。要加大对农村基础教育的投入，除了政府投资以外，还要积极引导非公有制企业和个人投资于这项公益事业，并加强管理，转变办学思想，拓宽办学形式，为未来农村劳动力素质的提高奠定良好的基础。其次，要全面重视和大力开展职业技术教育和技能培训，其中要重点发展中等职业教育，健全覆盖农村的职业教育和培训网络。这是迅速提高农村劳动力素质的捷径。要本着“实际、实用、实效”的原则，分批分次对农村劳动力进行有针对性和实用性的技术技能培训。在培训政策方面，坚持多层次、多形式的培训，形成就业培训、在职培训、再就业培训、创业培训和农民工转移培训等一整套完整的就业培训体系。在培训的重点方面，一是针对文化程度不高，没有外出打工经验的农村劳动力进行普遍的技术、技能培训；二是针对具有一定文化程度或外出打工返乡的农村劳动力进行专业技术、技能培训及创业培训；三是针对中介组织的负责人及从事农村劳务管理工作的干部进行法律法规、政策、管理等相关知识的培训。同时要整合各种培训资源，提高培训水平。通过培训，让每个农民工平均掌握一到两门技术，为其主动就业或自主创业创造良好的条件。要用足用好国家失业保险基金和就业专项资金，及时对企业在职职工进行岗位培训，对下岗失业人员进行再就业培训。此外，还要强化企业职工转岗培训和技能提升培训。

5. 鼓励和扶助农民工返乡创业。

自主创业是解决农民工就业问题的一条有效途径。一部分农民工经过多年外出打工，已经积累了一定的知识和资金，有了较强的返乡创业意识。各级政府要积极引导农民工从国家扶持的产业政策出发，选准、选好创业门路。要鼓励、支持有创业意愿的返乡农民工开展针对性强、多层次、多形式的职业技能培训和创业培训，给他们传授创业技巧、现代企业管理、人才资

---

①张庆. 农民工就业问题调查研究[J]. 经济纵横，2013，(6)：93－96.

源管理使用等知识，提供技术支持，给予减免税费、提供担保贷款和贴息以及社会保险补贴等优惠政策，并做好后续回访工作，关注企业发展动态。要为返乡农民工创业提供快捷、便利的服务，解决农民工回乡创业普遍遇到的审批难、融资难、办事难、用地难等突出问题，改善创业环境。通过创业促进就业，以带动当地农村富余劳动力就地就近转移。

6. 实施居住证管理制度，加速农民工市民化进程。

一是可考虑在中小城市尽快实施覆盖农民工的城市居民居住证制度，待条件成熟后逐步在大城市实施。可以根据居住年限、对所在城市贡献等指标向外来务工人员颁发城市居民居住证，实施居住证管理制度，并以此替代原有的户籍制度，消除农民工在身份上和社会地位上与城市居民的不平等。二是要充分发挥城市社区的服务功能，引导农民工参与社区组织的各种公益活动，促使他们从心理上尽快融入城市生活中，增强他们对城市的认同感。三是在居住证管理基础上实施均等化公共服务，使农民工在住房、社会保障、子女入学和就业等方面权益平等。

7. 加强农民工就业保护，维护其合法权益。

我国农民工总量庞大，劳动力供给明显大于需求，在这种买方市场格局下，农民工往往处于被动地位，劳资双方关系不平等，企业在雇佣、使用和解雇农民工上存在很大的随意性。这造成工人的合法权益经常受到侵犯。因此，必须实施就业保护以减少和杜绝企业用人的随意性和不规范行为，保障农民工的基本权益。劳动监察部门是就业保护的实施主体，要以《劳动法》和其他相关法律为依据，对企业雇佣和解雇农民工的各个环节加强监管，防止随意侵害农民工合法权益。

8. 积极发挥非政府组织的作用。

在提供农民工的多样化服务和公共服务的社会化方面。应采取措施积极发挥工会、妇联、青年组织、社区组织、志愿者组织、非营利组织等非政府组织在农民工社会服务和社会支持中的重要作用。

总之，促进农民工就业，对于转移农村剩余劳动力，增加农民收入，解决城乡统筹发展中的突出矛盾和问题，维护社会稳定，进一步推进工业化、城镇化、现代化建设步伐具有非常重要而深远的意义。

/第四章/

农民工受教育状况及影响因素研究

受教育水平是制约农民工群体就业状况的根本因素。受教育水平也显著影响到了农民工群体的收入水平和消费理念。正是农民工群体较低的受教育水平使得他们在劳动力市场上缺乏竞争力,只能从事工作强度大、收入低、工作环境差的劳动密集型行业。因此,本章在结合国内外研究成果的基础上,从受教育水平方面进一步研究农民工发展的相关因素,尤其是着重探讨受教育水平对其他方面的影响。

一、问题的提出

(一)研究背景

经过改革开放以来三十多年的发展,我国取得了巨大的经济成就,其中农民工群体作为劳动力大军中的最大群体发挥了举足轻重的作用,为国家的建设做出了巨大贡献。但是农民工不论是在收入上还是在精神生活的富足上却没有获得等比例的提升,其中农民工的受教育问题是最为基础最为根本的问题。

据国家统计局公布的数据,截止到2014年底,我国进城务工的农民工数量已经超过2.7亿人。如此庞大的群体是中华民族兴旺发展的强大动力,他们的受教育问题必须得到妥善解决。只有让农民工接受良好的教育和培训，才能让其生活得更有尊严，也才能够保证我国的城镇化和现代化进程。

目前来看，中国城市化、工业化和城乡经济结构"一元化"的进程中必然需要农村剩余劳动力即农民工的转移。这种转移是非常必要的，不仅有助于打破区域藩篱，统筹区域资源协同发展，而且能够合理分配劳动力资源。可以说农村剩余劳动力的转移是1978年以来推动中国经济高速发展的重要的拉动力。在1978～1998年的20年间，有数据表明，农民工转移带来的经济价值占到了整个GDP的21%(蔡昉，王美艳，2002)。提高转移中的农民工的素质是极为急迫和关键的，而提高其素质的最主要途径就是教育。农民工的受教育程度不但关乎自身就业质量和发展，还关乎中国未来城镇化的进程和产业结构升级，乃至未来中国经济的可持续发展。

(二)研究意义

首先，农民工的受教育程度和中国城镇化的进程和产业结构的升级息息相关。

在2008年金融危机之后，中国经济逐步进入"新常态"。在新常态下，经济结构的调整、发展方式的转变、增长动力的变化等都对中国人力资源提出了更高的要求。农民工群体作为城镇化和产业升级过程中的重要力量，这个群体的受教育程度无疑从宏观上制约着中国劳动力市场的升级。在金融危机发生之后，从国家战略的高度去看，我们应该"跳出货币和信用结构的框架，从实体经济和产业结构来考察今后中国发展的机遇"[①]。可以毫不夸张地说农民工受教育程度的高低直接关系到我国城镇化的进程。

对于北京、上海、广州等一线城市和相当大的一部分二线城市，产业升级是城市进一步发展和保持相对优势的必然战略选择。产业升级的前提是人力资源的升级换代，因此，对于这些地区的人力资源状况，尤其是农民工这一群体进行摸底调查具有重要的意义。

其次，农民工受教育程度和农民工群体的就业能力与城市融入能力息

①蔡昉，王德文，曲玥. 中国产业升级的大国雁阵模型分析[J]. 经济研究，2009(9).

息相关。

从当前就业状况看，农民工就业存在非正规部门就业[①]比重高、工资水平低、劳动时间长、雇佣关系不规范、行业高度集中、劳动保障状况差等特征。这些特征迥异于城镇居民的就业状况。因而，农民工的职业发展就和城市户口职工的发展出现了很大的差异性（高文书，2006）。现实中，农民工中的一部分跨省到外乡发展，另一部分则愿意留在省内发展。而对农民工职业转移的相关研究发现，农民工跨区域转移的情况十分普遍，与省内就业相比，跨省转移的农民工工资水平较高，职业发展机会较多（郭力等，2011）。从其职业发展情况看，实现跨区域转移的农民工职业相对稳定，专注于在同一行业获得的职业发展；约90%的农民工较长时期在同一地点从事同一工作，即使进行职业转移，也主要是转入与前一职业密切相关的行业，而社会网络和人力资本是解释剩余劳动力职业转移的最主要的变量（朱明芬，2007）。城市化的过程就是城乡居民在受教育机会和质量、收入水平、居住环境和就业条件、社会保障和福利等方面不断趋同和融合的过程。[②] 因此，当前中国城市化，特大城市产业升级，对于农民工的综合能力提出了更高的要求。因此，严格执行九年义务教育，从整体上提高农村流动人口的受教育水平和年限，对于提高新生代农民工的就业能力和城市融入能力至关重要。

最后，农民工受教育程度和农民工的就业质量息息相关。

农民工的受教育程度和其就业质量呈现正相关的关系。一般而言，接受较高层次教育的农民工会从事一些脑力劳动比重更大的工作，而仅仅受过低层次教育甚至是没有上过学的农民工基本上就业于体力劳动比重大的行业。在探讨农民工就业质量的问题时，程蹊等（2003）认为，农民工受教育程度低、多元劳动力市场仍未改善以及劳动力市场供大于求等因素是构成农民工就业质量低下的主要原因。就业质量高低的影响因子是多元的，国家政策、经济形势、社会资本的多寡、信息的对称程度等都会对农民工的就业质量产生或多或少的影响，但是“外因是条件，内因是关键”，农民工自身

---

①“非正规部门就业”的概念是20世纪70年代初由国际劳动组织提出的。1991年，该组织将非正规部门定义为“发展中国家城市地区那些低收入、低报酬、无组织、无结构、生产规模较小的生产和服务单位”，在这些单位就业的劳动者被称为“非正规部门就业”。

②王美艳．城市劳动力市场上的就业机会与工资差异[J]．中国社会科学，2005(5)．

的受教育水平的高低才是解释其就业质量高低的关键性因素。在市场经济中，根据马克思的价值规律理论，只有高价值的农民工才能获得高的回报，而教育是增加农民工绝对价值的最好方式。

二、国内外研究现状

很多国内外学者从不同方面对于农民工或者流动人口的受教育程度或者与受教育程度紧密相关的人力资本投资进行过深入研究，主要有以下结论。

1. 教育是人力资本的一个重要构成要素。

教育是人力资本的一个重要构成要素，国内外的很多相关研究都可以证明这一结论。人力资本理论把对工资影响因素的探讨从较为宏观的社会—经济层面带入了较为微观的个人投资与劳动力市场结果的层面。著名人力资源管理专家舒尔茨认为，人力资本的含义就是通过教育、“干中学”、培训和就业导向型迁移等路径，最终形成的自身生产能力。Boskin(1974)的开创性研究表明，个人的职业发展与其人力资本投资密切相关，每个人根据其对人力资本的收益(例如潜在收益)和成本(例如培训成本)的评价来进行职业选择。现有的相关研究已经提供了令人信服的结论，即个人的职业地位主要由人力资本投资所决定，而教育在其中起着举足轻重的作用(Chevalier,2007)。

何亦名(2014)基于2014年8个省16个村的新生代农民工抽样调查数据，以人力资本投资作为一种特殊的消费支出而具有的成长效用为视角，分析不同成长效用的新生代农民工收入水平与人力资本投资的关联，同时分析了不同成长效用取向下，“亲乡型”与“亲城型”社会资本对人力资本投资决策所产生的影响。

2. 受教育程度影响农民工的就业能力、收入水平和城市融入能力。

Forrier等(2003)认为就业能力是指个体所拥有的并且能够决定其职业生涯成功与否的人力资本，个人具备的能力和对所从事职业期望度是影响个体就业情况的重要因素。[1] 教育是农民工获取基本素质从而有效提高就业能力的一种重要手段，教育在提高农民工找到工作岗位的概率和增加就

[1] AnneleenForrier, Luc Sels. The Concept Employability: AComplex Mosaic[J]. International Journal of Human Resources Development and Management, 2003, 3(2): 102－124.

业稳定性的同时(赵耀辉,1997),也会影响农民工在行业类别、从业时间、就业区位等方面的选择能力(严善平,2007);姚先国等学者(2006)研究发现,农民工的受教育程度对农民工成为专业技术人员、公司管理和公司职员的影响最为显著;马德功(2015)通过分析成都市城镇化过程中农民工的就业问题,得出当前农民工的教育水平、职业技能水平以及工作时间是影响其就业水平高低的重要因素①;周密、张广胜等(2015)等通过对人力资本积累的分析,发现人力资本积累对于新生代农民工城市适应性、融入能力具有显著影响,尤其是大城市更加明显;张秋秋、金刚(2012)指出,受教育程度、就业前接受培训情况以及年龄对于新农民工的就业能力有着重要的影响,对不同学历水平、不同技能以及不同年龄的农民工就业能力的影响因素存在非常明显的差异,需要我们加以区别对待②。

3.受教育程度影响农民工的收入水平。

张车伟(2006)指出在中国的特殊劳动力市场中,受教育程度通过农民工就业地区、行业、职业、途径等的选择来发挥对农民工收入水平的影响。刘林平、张春泥(2007)通过实地调研的方式对珠三角的农民工进行了走访,发现人力资本中的培训、教育年限、工龄等变量对农民工的收入有显著的正向影响③。赵海(2013)则研究了培训和教育在农民工就业能力影响因素序列中所处的位置,认为农民工接受教育的意义就在于通过提高劳动者的学习能力和认知能力使其更愿意且有更多机会接受技能培训和职业教育。农民工的受教育程度在其工资体系决定中发挥了基础性同时又是先导性的作用。我们也不能忽视一个事实,技能是决定农民工工资水平的关键性因素。罗峰、黄丽(2011)利用扩展的 Mincer 工资方程,分析了多种影响新生代农民工非农收入水平的人力资本因素及其影响程度,方程的实证研究结果表明,受教育年限对新生代农民工农业收入之外的非农收入影响是实实在在存在的,即正规的学校教育每增加 1 年,农民工相应的非农收入就会增长 2.1%。

①马德功等.成都新型城镇化进程中的农民工就业问题研究[J].经济体制改革,2015(1).

②张秋秋,金刚.新生代农民工就业能力影响因素的最优尺度分析[J].农业经济,2012(11):42-44.

③刘林平,张春泥.农民工工资:人力资本、社会资本、企业制度还是社会环境[J].社会学研究,2007(6).

4.受教育程度影响就业能力、工作匹配度以及与性别有关。

魏毅、廖素琼(2006)认为教育程度会从就业途径、就业收入、就业的稳定性和持续性、就业空间流动以及就业的维权能力等五个方面对农民工特别是新农民工的就业能力产生影响,各个责任主体应该切实采取各种有效措施提升新农民工的就业能力,可以以完善新农民工职业技能培训作为出发点。[①] 王广慧、徐桂珍(2014)采用了实证研究的方法,发现农民工教育与工作相匹配时的教育收益率要远高于农民工实际教育收益率。还需要注意的一点是,虽然数据结果显示过度的教育对农民工收入水平的增长有正向影响,但是这个结果不具有统计显著性。我们还可以看出,男性新生代农民工的收入深受其受教育程度不足的负向影响,而女性农民工则对于受教育的程度不敏感。大量研究还表明,无论在发达国家还是在发展中国家,劳动力市场中的教育回报率呈现非常明显的男女性别差异(Schultz, 1993; Strauss and Thomas, 1995)。

三、农民工受教育状况及其相关性分析

对于全国的农民工的教育情况,我们首先分析各个地区和不同性别的教育情况(如表4—1所示)。

表4—1　各个地区、性别的教育情况

单位:%

		被访者教育程度							
		未上过学	小学	初中	高中	中专	大学专科	大学本科	研究生
地区	东部地区	1.7	13.8	59.5	13.8	5.9	4.1	1.2	0.0
	中部地区	1.0	9.7	59.7	18.5	5.8	4.3	1.0	0.0
	西部地区	2.7	19.3	55.3	14.0	4.2	3.4	1.1	0.0
	东北地区	0.9	13.4	66.8	12.1	3.1	2.5	1.1	0.0
被访者性别	男	1.2	13.1	59.9	16.0	4.8	3.8	1.2	0.0
	女	2.6	16.8	57.1	12.9	5.5	3.9	1.2	0.0
合计		1.9	14.8	58.6	14.6	5.1	3.8	1.2	0.0

①魏毅,廖素琼.农民工受教育状况对其就业能力的影响[J].高等农业教育,2006(8):92—94.

从地区来看，东部、西部地区未上过学的农民工所占比例稍大，分别为1.7%、2.7%，其中西部所占最多，而中部、东北地区所占比例稍小，占1%左右。西部地区在小学程度的维度中所占比例最大，约为19.3%，其次是东部和东北地区，约是13.5%，中部地区所占比例最少，仅仅是9.7%。初中程度的东北部地区最高，所占比例约为66.8%，而东部、中部地区所占比例在59.5%左右，最低的为西部地区，约55.3%。受教育程度为高中的最高地区为中部地区，约占18.5%，而其他地区都是约占13%左右。中专程度东部地区和中部地区相差不大，分别为5.9%和5.8%，西部地区和东北地区要低一些，分别为4.2%和3.1%。大学专科程度这一维度下，东部的4.1%和中部地区的4.3%稍高于西部和东北地区。大学本科程度各地区所占比例相差不大，均为1%左右。研究生程度的农民工在各个地区都不存在。

从性别的维度来看，受教育程度为未上过学的、小学以及中专的女性要多于男性；而在初中和高中程度的男女比例上男性要多于女性，大学及以上的程度中男女所占比例差不多。而且不论男女，初中文化程度所占的比例都是最大的。

其次，我们进一步分析受教育程度对婚姻状况、行业、行业所属性质的影响(如表4－2所示)。

表4－2　受教育程度对婚姻状况、行业、行业所属性质的影响

单位：%

		被访者教育程度								合计
		未上过学	小学	初中	高中	中专	大学专科	大学本科	研究生	
被访者婚姻状况	未婚	10.5	7.5	18.6	31.9	41.8	46.6	50.0	40.7	21.4
	初婚	83.4	87.8	78.8	65.7	56.7	52.5	49.1	57.4	75.8
	再婚	2.2	1.8	1.1	0.9	0.5	0.4	0.5	1.9	1.1
	离婚	2.1	1.9	1.3	1.2	1.0	0.4	0.4		1.3
	丧偶	1.7	0.9	0.3	0.2	0.1	0.0	0.1		0.3
就业单位所属行业	制造业	20.7	20.6	21.5	17.4	25.7	20.5	18.9	18.8	20.9
	采掘业	0.9	1.1	1.0	0.8	1.1	1.1	0.8	2.1	1.0
	农林牧渔	12.8	7.8	2.6	1.3	0.8	0.7	1.3	6.3	3.2
	建筑	8.6	11.7	9.5	7.6	5.7	6.8	7.3	4.2	9.2
	电煤水生产供应	0.3	0.5	0.5	0.6	0.6	1.5	1.8		0.6

		被访者教育程度								合计
		未上过学	小学	初中	高中	中专	大学专科	大学本科	研究生	
就业单位所属行业	批发零售	18.3	20.6	23.8	26.9	20.6	19.8	14.6	4.2	23.2
	住宿餐饮	13.3	12.7	15.6	16.5	14.1	8.9	6.7	4.2	14.8
	社会服务	9.7	10.2	11.2	13.2	13.2	12.9	8.3	8.3	11.5
	金融/保险/房地产	0.3	0.3	0.5	1.4	1.9	3.8	6.2	2.1	0.9
	交通运输、仓储通信	2.0	2.7	4.0	4.0	3.4	3.8	4.1	6.3	3.7
	卫生、体育和社会福利	1.9	0.8	0.4	0.7	2.3	4.5	5.1	8.3	0.9
	教育、文化及广播电影电视	0.3	0.3	0.3	0.8	1.9	3.9	8.5	8.3	0.7
	科研和技术服务	0.3	0.3	0.4	1.0	1.9	4.0	7.0	16.7	0.8
	党政机关和社会团体	0.3	0.2	0.1	0.4	0.4	1.2	3.3	10.4	0.3
	其他	10.2	10.4	8.6	7.4	6.4	6.7	6.0		8.5
就业的单位性质	土地承包者	7.0	4.7	1.4	0.7	0.4	0.3	0.3		1.8
	机关、事业单位	2.2	1.2	0.7	1.1	1.5	4.3	10.0	25.0	1.2
	国有及国有控股企业	3.2	3.0	2.8	3.4	5.3	8.5	11.5	12.5	3.4
	集体企业	3.3	2.1	1.9	2.6	2.9	3.1	1.8		2.2
	个体工商户	39.3	41.2	46.7	47.7	36.1	27.9	18.8	10.4	44.3
	私营企业	25.2	27.3	29.8	31.4	37.9	43.6	44.0	35.4	30.8
	港澳台企业	0.7	0.9	1.8	2.3	4.9	3.8	2.7		2.0
	日韩企业	0.0	0.2	0.6	0.8	1.7	0.8	1.0		0.6
	欧美企业		0.0	0.1	0.4	0.5	0.7	1.4	4.2	0.2
	中外合资企业	0.3	0.7	1.4	2.2	3.4	3.3	4.6	4.2	1.7
	其他	1.7	1.5	0.8	0.6	0.7	0.6	1.1		0.9
	无单位	17.0	17.0	11.8	6.7	4.8	3.0	2.9	8.3	11.1

从婚姻状况来看，随着受教育程度的提高，未婚比例在逐渐升高，未上过学的未婚比例占10.5%，研究生的未婚比例达到40.7%；而初婚、再婚、离婚、丧偶的比例逐渐减少，未上过学的初婚比例高达83.4%，研究生的初婚比例约为57.4%。

从行业来看，从事采掘业、农林牧渔、电煤水生产供应、金融、保险、房地产、交通运输、社会服务、党政机关等的农民工较少，所占比例不超过5%。中专程度从事制造业的比例较高，约为25.7%，高中程度的较低，约为17.4%。小学程度从事建筑业的比例较高，约为11.7%，研究生程度的较低，约为4.2%。高中程度从事批发零售、住宿餐饮、社会服务最多，研究生程度从事批发零售住宿餐饮、社会服务最低。金融、保险、房地产、交通运输、社会服务、党政机关等行业总体从事较少，但是受教育程度较高所占比例较大。

从就业单位性质来看，随着受教育程度的不断提高，从事土地承包者的比例也随之逐渐减少。而机关、事业单位以及国有企业等总体上随着受教育程度的提高，所从事的比例逐渐增大。未上过学、中专和大学专科程度在集体企业的比例稍大，约为3%。高中程度以下，随着受教育程度的提高，从事个体商业户的比例逐渐增大；而高中程度以上，随着受教育程度的提高，从事个体商业户的比例逐渐减小。大学程度以下，随着教育程度的提高，从事私营企业以及中外合资企业的比例逐渐增大，而研究生程度的从事私营企业以及中外合资稍有降低。从事港澳台、日韩企业的比例都是先随着教育程度的提高而提高，后又随着教育程度的提高而降低。

最后本文将分析一下受教育程度对收入和支出的影响(如表4—3所示)。

表4—3　受教育程度的月总收入、总支出的均值

单位：元

被访者教育程度	未上过学	小学	初中	高中	中专	大学专科	大学本科	研究生	总计
本地月总收入	4506.22	4906.59	5050.04	5247.73	4910.04	5333.46	6038.17	7940.38	5063.27
本地月总支出	2148.44	2301.92	2397.67	2508.81	2409.00	2682.00	3063.86	3567.59	2414.51

从表中可以明显看出，月总收入和月总支出都随着受教育程度的提高而提高，二者明显正相关。中专的月总收入只有小学的水平但是支出却要高出很多。总体来讲，随着受教育程度的提高，被访问者的本地收入的增长幅度要大于本地月支出的增长幅度的。研究生程度的平均月总收入约为7940.38元，平均月总支出约为3567.59元，而未上过学的平均月收入约为

4506.22元，平均月总支出约为2148.44元。

通过以上关于农民工受教育程度的一系列影响结果分析中，我们可以得出全国范围农民工的受教育的总体水平还有待于提高的结论。农民工较低的受教育水平对于农民工群体的就业能力和产业结构的调整有着一定的影响。此外，还有以下结论。

第一，农民工群体的受教育水平存在男女性别差异。这可能与中国农村"重男轻女"的传统思想有关。一般而言，对于男性教育投入的资源比较多，而对于女性的教育投入相对远远不足。

第二，农民工受教育水平对于就业单位性质存在明显影响。目前农民工就业主要集中在民营企业或者个体工商户，在公有制企业工作的还是比较少的。但是，在私营企业工作往往意味着社会保障、福利等的缺失和不足。受农民工教育水平低的影响，在就业竞争力方面与其他就业主体比起来存在严重不足。

第三，农民工受教育水平与其收入水平存在明显相关性。城市的行业分布和工作性质往往对于求职者的综合素质和能力有很高的要求，而受教育水平从很大程度上决定了求职者的综合素质和能力。高文书的研究也证明了受教育程度低的农民工劳动报酬低于受教育程度高的城镇本地劳动者。[①]

第四，农民工受教育程度越高，结婚相应地就越晚。受教育程度低的农民工没有学业的压力，有充足的时间恋爱；并且由于工作较早，也有一定的经济积累；加之其配偶基本都是同等水平的女性，所以说有条件更早结婚。相比之下，受教育程度高的农民工接受的教育年限长，参加工作较晚，配偶一般也是文化水平高的女性，对于生活质量有一定的追求，所以说结婚较晚。

第五，农民工就业集中分布在劳动密集型、低技术含量的批发餐饮、交通运输、建筑等行业，而党政机关等行业农民工就很难进入。很多专家学者

①高文书. 进城农民工就业状况及收入影响因素分析[J]. 中国农村经济，2006(1).

的研究成果中也证明了这个结论。例如，Wang 和 Zuo(1999)基于上海与北京的有关农民工收入的数据研究发现，大部分的农民工投身于低收入的低端工作；杨云彦和陈金永(2000)的研究成果表明，城市本地劳动力供给不足的职业队列末端行业是转移至城市的农民工从事的主要行业；Dong 和 Bowles(2002)基于大连与厦门的数据研究发现，农民工身份会阻止他们进入外商直接投资公司，王美艳(2005)的研究也证实了受教育程度低的农民工身份为他们进入国有单位产生了障碍。这充分表明，在城市劳动力市场上，按职业和技能分割的二元劳动力市场，同时也是按是否是城市户籍分割的二元劳动力市场。①

四、政策建议

通过以上分析，我们明确了农民工受教育水平的高低对于农民工的收入水平、婚姻状况、就业单位的性质和就业的行业等都有影响。所以说采取一切可能的措施，切实提高农民工的受教育水平具有重要的意义。

第一，政府要明确自己的定位，切实提高农民工的受教育水平。

农民工的教育可以看成是一种准公共物品，政府在提高农民工受教育水平的过程中应该充当服务、组织和保障的角色，明确学校、企业、第三部门等主体的责任和职能，营造一个良好的有益于农民工接受教育的氛围。在经济新常态的今天，各级政府在农民工接受教育的过程中更应该承担一种监管的职能。政府要恰当地处理好集权和分权的关系，各级政府以及各个施教主体之间要合理分工，互相配合，打造一个立体化、无缝隙的农民工受教育网络。具体要做到以下两个方面。首先，应当明确中央政府和地方政府的职能划分。中央政府在宏观层面计划、引导、设计以及评估农民工的受教育问题，而各级地方政府要根据自己的实际情况设计一套切实可行的农民工受教育系统，并且要保证执行的效果；其次，政府应该放弃“政府本位”的理念，充分给予市场发挥作用的空间，加强企业、教育机构、第三部门和政府的联系，给社会力量以及市场力量参与农民工的教育事业提供畅通的渠道和政策支持。

①章元，陆铭. 社会网络是否有助于提高农民工的工资水平[J]. 管理世界，2009(3).

政府作为一个统筹者，要出面确定各个农民工教育培训责任主体的功能划分，建设一个战略性的分层次的梯队，并且要建立各个主体之间的联动机制，以充分确保农民工受教育的有效性和持续性。在做好农民工输出地也就是农村地区的教育培训的同时，还要重视已经流动到城市地区的农民工的再教育和培训问题。外出务工的农民工本身更了解自己需要什么样的知识和技能，也更需要得到政府和相关主体的帮扶，让自己能在工作中取得更好的发展。

第二，加大农村教育事业的经费投入，整合农村地区的教育资源。

农民工受教育水平整体低下和农村地区教育经费的短缺有很大关系。我们应该建立一种以政府补贴为主的多元投资体系。政府一方面要加大对农村地区教育基础设施、师资引进与培养等方面的直接财政投入比例；另一方面可以通过税收优惠或者补贴、降低企业贷款利息等形式倡导企业以各种方式支援农村教育事业，同时有计划地组织个人捐赠，并且为捐资助学助教等行为提供各种支持。根据国务院办公厅在 2010 年下发的《关于进一步做好农民工培训工作的指导意见》的要求，政府要建立透明、高效、规范的教育培训资金管理制度，重点做好省级统筹，除此之外还要统筹使用中央和省级财政拨付的各项农民工教育培训资金，改善目前普遍存在的资金分散安排、分散下达、效益不高的状况。政府在以通用型工种为主的前提下，还要在政策层面科学合理地制定农民工教育培训补贴基本标准，并根据实际情况定期予以调整。各级政府还应该建立对教育培训资金的全流程监管体制，充分利用大数据技术建立享受教育培训补贴政策的单位和农民工的就业、收入、婚姻状况等的相关信息数据库。这套电子系统在人工审核的情况下要做到有效甄别教育培训补贴申请材料的真实性，杜绝出现瞒报、冒领等违规行为。要秉承“谁审批谁负责”的原则，依据相关规定，从严查处这些对农民工培训和教育的违纪违规甚至违法行为，建立健全一套教育培训补贴资金与教育培训成本、教育培训质量、农民工就业效果挂钩的绩效考核评估机制。

第三，建立政府牵头、企业唱主角、第三部门合作的农民工受教育体系。

盈利是企业的使命和天性，这就决定了企业天然更加注重中短期的成本收益率。教育和培训是一项投入高、回报周期长的事情，农民工所从事的低端工作具有流动性大的特点，企业和农民工之间一般而言缺乏长期稳定的合约关系，所以现实中企业很难有动力做好农民工的教育和进一步的技能提升工作。这就要求代表公共利益的政府出面协调好农民工个人、用工企业和致力于农民工教育培训的第三部门之间的相互关系，利用各种措施和政策充分调动各个教育培训主体的积极性和活力。

企业作为农民工聚集的单位，有条件第一时间充分掌握农民工的生活作息和思想动态，应该在提高农民工受教育程度的事业中勇于承担主力军的角色。政府应该通过补贴、税收减免等方式调动企业的积极性，让企业来承担农民工教育培训的工作，这不仅能够帮助农民工提升关乎其生存和发展的就业能力，与此同时也会对提高企业的经济效益产生积极的影响。而对于目前方兴未艾的第三部门教育培训组织，政府应在充分肯定其作用的前提下，发挥其特有的功能。第三部门作为农民工教育培训的供给主体，职责之一就是提高农民工的受教育的意识和职业教育的意愿。只有农民工个人、政府、企业、第三部门和社会都重视农民工教育培训工作，建立政府牵头、企业唱主角、第三部门合作的农民工受教育体系，才能更好地帮助农民工增强就业能力，持续有效地改进农民工生存现状，提升农民工的城市融入能力。

/第五章/
农民工社会保障状况及影响因素分析

农民工社会保障和农民工收入与消费水平一样，都是衡量农民工城市融入能力的重要指标。随着新型城镇化的不断推进和农民工队伍的不断壮大，农民工的社会保障也面临着新的困境。本章在对农民工参加社会保险现状进行分析的基础上，探讨了其参加社会保险的影响因素。研究表明，当前，农民工参加社会保险的比例依然偏低。其中，就业单位性质、受教育年限对农民工的参保率有积极影响，而月收入和年龄对其参保率基本没有影响，除工伤保险外，女性农民工的参保率均高于男性。此外，农民工的就业身份对其参加社会保险有重要影响。

中共十八届五中全会提出要构建城乡一体化的社会保障体制，因此，研究农民工社会保障问题具有重要的理论与现实意义。

一、2008—2013 年农民工参加社会保障的状况

农民工是改革开放以来在中国工业化和城镇化进程中出现的一类特殊群体，他们拥有农村户籍，来到城市打工，在城乡间、城城间流动。根据国家统计局的调查数据，截至 2013 年底我国农民工总数已接近 2.7 亿人，他们在为我国的经济发展和社会进步做出突出贡献的同时，也面临着一系列诸如

住房、子女教育等难题，其中社会保障的困境尤其突出，亟需破解。

根据国家统计局2013年全国农民工监测调查报告，外出农民工参加养老保险、医疗保险、工伤保险、失业保险和生育保险的比例分别为15.7%、17.6%、28.5%、9.1%、6.6%，分别比上年提高1.4个百分点、0.7个百分点、4.5个百分点、0.7个百分点和0.5个百分点。虽然农民工参保率逐年提高，但整体覆盖率还是偏低，社会保障待遇水平与城镇就业人口差距依然较大，不仅不能满足广大农民工日益增长的需求，还会加剧城乡之间的矛盾，影响我国城镇化的进程。此外社会保障体系结构不完善、项目设置不健全，地区间待遇和政策差异明显，呈现碎片化特征等，都会给农民工社会保障带来消极影响。这其中既有农民工自身社会保障意识淡薄，缴费能力低等原因，也有城乡二元结构还未打破、户籍制度改革还未彻底等深层次原因。

表5－1　2008－2013参加城镇基本社会保险总人数和农民工人数

单位：万人

年份	养老保险		医疗保险		失业		工伤保险	
	总数	农民工	总数	农民工	总数	农民工	总数	农民工
2008	21891	2416	31822	4266	12400	1549	13787	4942
2009	23550	2647	40147	4335	12715	1643	14896	5587
2010	25707	3284	43263	4583	13376	1990	16161	6300
2011	28391	4140	47343	4641	14317	2391	17696	6828
2012	30427	4543	53641	4996	15225	2702	19010	7179
2013	32218	4895	57073	5018	16417	3740	19917	7263

资料来源：根据人力资源和社会保障部《2008－2013年度人力资源和社会保障事业发展统计公报》整理。

学术界对农民工的社会保障问题进行了长时间的探索和深入的探讨。

对于农民工参与何种模式的社会保障体系，学界一直有不同的观点。一种观点是"另起炉灶"，即根据农民工群体的特殊性及其内部分化的事实提出构建相对独立的农民工社会保障模式[①]。而另一种观点是"立足当下"，

①郭家虎，崔文娟．论我国农民工社会保障的制度变迁[J]．江西财经大学学报，2008(05)：9－52.

即在现有运行的城保模式、双低模式、综合保险模式、农保模式这四种社会保障制度基础上，将农民工依据市民化程度的不同进行分类并纳入到这四种体系中。达到不大动干戈也能满足实际需求的目的[①]。

在选择好社会保障模式之后，对于如何构建农民工的社会保障体系，学界也提出了许多思路。但总体思路基本一致，都是要为农民工提供多层次、多元化、有针对性的社会保障，并最终建立城乡一体化的社会保障体系。只是在操作的具体细节上侧重点要有所不同。蓝春娣就提出要从解决农民工迫切需要的医疗、工伤、养老等基本保险项目出发，以建立基本的最低生活保障为突破口[②]。田萱具体提出了要专门针对农民工建立工伤社会保险制度，建立医疗费用部分社会统筹的保障制度，根据农民工的不同情况实行有差别的社会养老保险制度和失业保险制度，建立以法律援助制度和最低生活保障制度为主体的紧急救助制度，尽快建立城市公共房屋政策和扶持流动人口子女学校的建设，解决农民工的后顾之忧[③]。陈敦贤建议农民工的社会保障首先应确立强制性工伤保险，其次是医疗保险，第三是社会救助和社会福利，然后是养老保险和住房保障等[④]。

此外，鲁建彪指出农民工社会保障制度的基础是就业保障，核心是收入保障应建立在农民工社会保障与就业发展互动机制上，增强农民工社会保障的抗干扰性[⑤]。

也有不少学者对农民工社会保障制度建立以来存在的各种问题和困境进行了探讨和分析，并提出了相应的解决思路和措施。针对我国现有的农民工社会保障制度模式实践中出现了社会保障整体缺失、保险关系异地接续难、退保率过高等问题，樊晓燕提出了分层次、多主体的农民工社会保障

①王增民．对当前我国农民工社会保障模式的评估[J]．人口与经济，2008(04)：62－68.
②蓝春娣，任保平．于农民工社会保障问题的思考[J]．社会科学研究，2004(5)：106－111.
③田萱．关于构建农民工社会保障体系的思考[J]．人口学刊，2004(04)：16－20.
④陈敦贤．流动人口社会保障体系论略[J]．中南财经政法大学学报，2005(03)：110－114.
⑤鲁建彪．构建和谐社会视野下的农民工就业及社会保障问题研究[J]．经济问题探索，2008(12)：93－97.

制度构想[1];任丽新则着重从政策的角度出发,提出了要解决农民工社会保障问题,最关键的着力点还在于科学合理的政策设计以及相应的制度安排[2]。针对城乡社会保障一体化的困境,陈喜梅提出了社会保障制度一体化的前提和保证是消除"城市偏向"的社会保障[3]。针对农民工社会保障制度碎片化、体系不健全、覆盖面过窄、缴费率过高、公平性不足和发展不均衡等问题,李迎生认为要在推进农民的市民化与新型城镇化的基础上进行社会保障制度的改革和创新[4]。郑秉文提出英国的"先碎片后整合"、法国的"碎片式打补丁"和美国的"渐进式大一统",是针对社会保障制度"碎片化"最典型的三条改革道路[5]。由于美国是"大一统"社保模式,同时期美国劳动力流动情况要远远好于碎片化的欧洲。美国各州之间的劳动力流动人口数量占其人口的2.8%,而同期在欧盟,国内流动人口数量在德国则占1.1%,英国1.1%,意大利仅为0.5%[6]。因此,建立城乡一体化的社会保障制度势在必行。针对农民工社会保障制度建设"城乡两难"的困境,樊晓燕就指出解决的路径是遵循社会保障制度的发展演变规律,构建独立的农民工社会保障制度,分阶段、分层次逐步推进[7]。

对于农民工参与社会保障受何因素影响的问题,部分学者也从不同的角度做了一些研究。从制度性因素和非制度性因素的角度来看,缺乏明确的法律规定、不同制度模式之间难以互通互联及其自身的缺陷是制约农民工参保的重要的制度因素,而性别、城市工作年限、是否签订劳动合同、工资收入、所在城市等则是影响农民工参保的非制度性因素[8]。从农民工社保需求的角度来看,农民工是否参与社会保障主要受收入、偏好和相关物品三个

---

①樊晓燕.基于农民工内部分化的社会保障制度设计[J].西北农林科技大学学报(社会科学版),2009(06):1-5.

②任丽新.农民工社会保障:现状、困境与影响因素分析[J].社会科学,2009(07):79-85,189.

③陈喜梅."城乡统筹"的社会保障制度一体化战略初探[J].人口与经济,2010(04):61-65,70.

④李迎生,袁小平.新型城镇化进程中社会保障制度的因应——以农民工为例[J].社会科学,2013(11),76-85.

⑤郑秉文.中国社保"碎片化制度"危害与"碎片化冲动"探源[J].甘肃社会科学,2009(03):50-58.

⑥Krueger,Alan B. The March to European Union and the Labor Compact[J]. NBER,7456,2000.

⑦樊晓燕.农民工社会保障制度的困境与出路[J].现代经济探讨,2015(02):58-62.

⑧高文书.进城农民工社会保障的影响因素研究[J].市场与人口分析,2007(05):66-71,42.

因素的影响[①]。从就业的角度来看，农民工是否参与各种社会保险项目与他们的就业状况紧密相关[②]。从个人、企业、社会的分类角度来看，除行业、所有制类型和区域等企业或社会因素对城市农民工参保有着重要影响外，个人特征特别是受教育程度和职业培训等对城市农民工参保的影响也很大[③]。

由此可以看出，虽然现代社会保障的开端是政府介入社会保障领域，以国家权力强制社会成员参加社会保险，在一定程度于弥补商业保险中经常发生的逆向选择与道德风险[④]，但是政府在制定社会保障政策时，还是要考虑企业、利益集团和民众的态度和偏好，这对社会保障政策的效率和公平影响很大[⑤]。因此，改进和完善农民工社会保障的制度设计以吸引企业和农民工参加社会保险，也是至关重要的。

二、论证思路

本章基于“国家卫生计生委流动人口动态监测数据”(2013 年)，从中找到符合要求的 169650 个样本。文章第三部分首先从总体上描述社会保险参与情况及各个险种在不同主客情况下的参保状况，以期从中找到能够显著影响农民工群体参加各类社会保险的影响因素。第四部分运用 Logistic 回归分析方法，以不同社会保险的险种为自变量，以年龄、文化程度、收入、职业、单位性质等 7 个方面为因变量，从主观和客观两方面，分析各主客观因素对他们参加社会保险的影响程度。第五部分为小结，并提出了促进和提高农民工参与社会保险的对策建议。

三、农民工参加社会保险状况描述

(一)不同险种的参保率概况

总体来看，如表 5－1，农民工在流入地投保比在老家投保的比例明显偏大，说明农民工还是比较倾向于在流入地参保。进城农民工参加城镇职工

①董延芳，刘传江. 第二代农民工社会保障及相关问题分析[J]. 保险研究，2008(05)：57－59.

②郭菲，张展新. 农民工新政下的流动人口社会保险：来自中国四大城市的证据[J]. 人口研究，2013(03)：29－42.

③王冉，盛来运. 中国城市农民工社会保障影响因素实证分析[J]. 中国农村经济，2008(09)：26－34.

④Ames，Estelle. Pension Reform：Is There An Efficiency－Equity Trade－off? [R]. World Bank Policy Research Working Paper，No. 1767，1997.

⑤Martin Feldstein. Chapter 32 Social security[J]. Handbook of Public Economics. 2002.

医保比例较大，为11.6%；参加城镇居民医保的占3.6%；参加工伤保险所占比例最大，为16.3%；参加商业医保、生育保险的比例为3.5%左右；而参加失业保险在9.7%左右；参加养老保险的为15.9%。总体来看，在流入地参加城镇职工医保、工伤保险、养老保险的比例比较高，在老家参加保险的比例非常低，此外，还有相当大比例的农民工不清楚是否参加保险。

表5—1　参与社会保险概况

单位：%

	在老家			在流入地		
	有	无	不清楚	有	无	不清楚
是否参加城镇职工医保	0.0	100.0	0.0	11.6	86.8	1.6
是否参加城镇居民医保	0.0	100.0	0.0	3.6	94.6	1.8
是否参加商业医保	1.3	95.9	2.7	3.6	94.7	1.8
是否参加工伤保险	1.1	96.3	2.6	16.3	79.5	4.3
是否参加失业保险	0.5	96.8	2.7	9.7	88.4	1.9
是否参加生育保险	0.8	97.9	1.3	3.8	95.5	0.7
是否参加城镇养老保险	2.2	97.3	0.5	15.9	82.6	1.5

（二）不同险种参加情况的主客观维度的分布

1.参加城镇职工医保情况。

从地区看，如表5—2，农民工参加东部城镇职工医保的明显高于其他地区，东部高达18%左右，而其他地区在6%左右。

从性别看，在各个地区中，男女农民工参加城镇职工医保的比例都差不多。

从年龄看，农民工20岁到40岁之前参加城镇职工医保较多，投保比例在10%以上，其他年龄段都低于10%。

从受教育程度来看，随着受教育程度的提高，农民工参加城镇职工医保的比例基本维持增大的趋势，未上学的投保为3.8%，而研究生的投保率高达51.9%。

从婚姻状况来看，未婚、初婚的农民工参加城镇职工医保的比例较大，未婚的投保约15.6%，已婚投保约10.6%，再婚、离婚、丧偶的都低于10%。

从就业身份来看，农民工雇员参加城镇职工医保的比例最大，高达21%，而雇主、自营劳动者、家庭帮工投保比例不超过5%。

表 5－2　参加城镇职工医保情况

单位：%

地区		参加城镇职工医保比例				
		东部地区	中部地区	西部地区	东北地区	合计
被访者性别	男	18.8	6.1	7.2	5.4	11.9
	女	11.3	18.9	4.4	5.5	5.8
年龄组	15—19 岁	15.6	3.0	3.4	4.4	9.3
	20—24 岁	23.9	8.3	8.5	11.0	16.0
	25—29 岁	23.1	7.3	8.9	9.0	15.2
	30—34 岁	20.1	5.1	6.1	6.1	12.3
	35—39 岁	16.9	3.9	6.0	4.8	10.2
	40—44 岁	14.5	4.1	5.7	3.2	8.7
	45—49 岁	11.9	2.8	4.4	2.2	6.7
	50—54 岁	9.7	2.8	4.5	1.7	5.6
	55—59 岁	6.4	1.9	3.7		3.8
被访者教育程度	未上过学	6.8	3.3	1.7		3.8
	小学	9.2	2.3	3.1	1.9	5.4
	初中	15.4	3.6	4.7	4.2	9.2
	高中	25.0	6.2	8.1	8.2	14.6
	中专	35.1	9.7	16.4	19.4	24.6
	大学专科	49.4	20.4	25.9	23.2	35.7
	大学本科	60.6	26.7	41.3	25.8	47.2
	研究生	60.9	25.0	45.5	60.0	51.9
被访者婚姻状况	未婚	24.1	8.0	8.7	9.9	15.6
	初婚	17.4	4.5	5.9	4.3	10.6
	再婚	15.3	5.8	6.8	3.4	9.2
	离婚	15.7	7.4	5.6	2.5	8.3
	丧偶	10.2	7.8	4.7	1.4	6.3

地区		参加城镇职工医保比例				
		东部地区	中部地区	西部地区	东北地区	合计
就业身份	雇员	27.9	13.0	13.7	9.9	21.0
	雇主	8.5	1.6	2.1	0.8	4.2
	自营劳动者	4.1	0.6	1.2	0.7	2.0
	家庭帮工	3.2	0.7	1.3	0.9	1.9

2.参加城镇居民医保状况。

从地区看，如表5—3，东北地区和西部地区的农民工参加城镇居民医保的比例稍微高于东部和中部地区，东北地区投保为5%左右，西部地区约为4.8%，东部和中部地区在2.8%左右。

从性别看，在东部和中部地区中，男性农民工参加城镇居民医保的比例比女性稍高，西部地区男女投保比例大约相等，而东北部地区女性高于男性。

从年龄看，在东部地区45岁以上的农民工参加城镇居民医保略微偏低；中部地区各年龄段投保比例差不多；西部地区20—24岁投保比例偏低，约为3.2%，50—59岁偏高，约为6.3%；东北地区45—49岁投保偏高，约为6.3%，55—59岁偏低，为3.9%。

从受教育程度来看，从小学到大学，农民工随着受教育程度的提高，参加城镇居民医保的比例基本维持增大的趋势。东北部未上学的投保比例较高，约为7.1%，研究生的投保率高达20%，而中部、西部地区研究生并没有投保。

从婚姻状况来看，农民工未婚、初婚、再婚的参加城镇居民医保的比例较大，离婚、丧偶的稍微偏低。

从就业身份来看，农民工雇主参加城镇居民医保的比例最大，约为4.9%，而雇员、自营劳动者投保比例不超过3.5%。

表 5—3 参加城镇居民医保情况

单位：%

地区		参加城镇居民医保比例				
		东部地区	中部地区	西部地区	东北地区	合计
被访者性别	男	2.8	2.9	4.8	5.0	3.7
	女	2.7	2.6	4.8	5.5	3.5
年龄组	15—19 岁	2.7	3.3	5.7	5.9	3.9
	20—24 岁	2.9	2.6	3.2	4.1	3.0
	25—29 岁	2.9	3.0	4.1	4.5	3.4
	30—34 岁	3.3	2.7	4.7	5.5	3.8
	35—39 岁	2.7	2.6	5.2	5.4	3.7
	40—44 岁	2.4	2.8	5.7	5.4	3.8
	45—49 岁	2.0	3.0	5.6	6.3	3.9
	50—54 岁	1.9	2.6	5.0	5.1	3.6
	55—59 岁	1.9	2.6	6.3	3.9	4.0
被访者教育程度	未上过学	0.9	3.0	3.4	7.1	2.5
	小学	1.3	2.1	5.1	5.2	3.2
	初中	2.3	2.6	4.4	5.2	3.2
	高中	4.2	2.9	5.6	5.3	4.4
	中专	4.8	3.0	5.6	3.5	4.6
	大学专科	6.1	4.6	5.5	4.5	5.6
	大学本科	7.6	6.4	7.5	10.5	7.6
	研究生	4.3			20.0	3.7
被访者婚姻状况	未婚	3.1	2.8	4.1	4.3	3.5
	初婚	2.7	2.8	5.0	5.6	3.6
	再婚	2.4	4.1	6.1	4.1	4.4
	离婚	2.1	2.0	4.2	3.1	3.2
	丧偶	4.2	2.6	2.6	4.3	3.2
就业身份	雇员	3.0	2.9	4.5	3.6	3.4
	雇主	3.4	3.2	5.7	12.5	4.9
	自营劳动者	2.1	2.2	4.6	5.8	3.3
	家庭帮工	2.2	3.0	7.0	6.9	4.1

3.参加商业医保状况。

从地区上看，如表 5－4，东部和东北地区的农民工参加商业医保的比例比中部和西部地区的稍高一些，东部和东北东部地区参加商业医保的比例在 4.8%左右，而中部和西部地区在 2.8%左右。

从性别上看，各个地区男性农民工参加商业医保的比例大于女性。

从年龄上看，农民工 25—45 岁的参加商业医保较多，其他年龄段的投保比例较小。

从受教育程度来看，农民工随着受教育程度的提高，参加商业医保的人越多。

从婚姻情况看，东部地区的未婚、初婚、离婚的农民工参加商业医保的比例稍高一些，约为 4.2%；中部地区的再婚、丧偶的投保率稍高，在 4%以上；西部各种婚姻情况的投保率都相差不大；东北地区初婚、丧偶的投保率稍高，约为 4.3%。

从就业身份看，各个地区中农民工雇主参加商业医保的比例都是最高，其他就业身份的投保率差不多。

表 5－4　参加商业医保的情况

单位：%

地区		参加商业医保比例				
		东部地区	中部地区	西部地区	东北地区	合计
被访者性别	男	4.4	3.3	3.3	4.0	3.8
	女	3.9	2.6	2.6	3.7	3.3
年龄组	15—19 岁	3.3	1.6	2.1	2.7	2.6
	20—24 岁	3.9	2.5	2.6	2.5	3.2
	25—29 岁	4.4	2.7	2.7	3.4	3.5
	30—34 岁	5.2	3.5	2.9	4.5	4.2
	35—39 岁	4.4	3.1	3.7	5.5	4.0
	40—44 岁	3.9	3.5	3.5	4.1	3.7
	45—49 岁	3.2	3.0	2.8	4.1	3.1
	50—54 岁	2.2	2.2	2.4	2.7	2.4
	55—59 岁	1.9	1.6	2.4	3.0	2.2

地区		参加商业医保比例				
		东部地区	中部地区	西部地区	东北地区	合计
被访者教育程度	未上过学	2.4	1.6	0.6	1.0	1.4
	小学	2.2	2.2	1.7	3.9	2.1
	初中	3.6	2.6	2.9	3.6	3.2
	高中	6.0	3.9	4.1	5.3	4.9
	中专	6.7	2.8	4.3	3.8	5.2
	大学专科	7.8	5.7	5.7	5.2	6.7
	大学本科	11.1	5.7	7.7	7.3	8.9
	研究生	21.7		9.1		13.0
被访者婚姻状况	未婚	4.2	2.4	2.8	3.0	3.4
	初婚	4.2	3.1	3.1	4.3	3.6
	再婚	3.5	4.1	2.7	1.4	3.1
	离婚	4.2	2.9	2.6	3.4	3.2
	丧偶	3.6	5.2	2.2	4.3	3.2
就业身份	雇员	4.4	2.9	3.0	3.1	3.7
	雇主	7.2	4.6	4.7	8.6	5.8
	自营劳动者	3.9	3.1	3.0	5.1	3.4
	家庭帮工	2.5	2.7	3.9	6.9	3.1

4.参加工伤保险状况。

从地区上看，东部地区农民工参加工伤保险的最多，高达20%以上，而其他地区投保率在10%左右(如表5—5所示)。

从性别上看，男性农民工参加工伤保险的比例大于女性。

从年龄上看，15—35岁农民工参加工伤保险的比例稍高，35岁以上随着年龄的增大，参加工伤保险的比例基本逐步降低。

从受教育程度来看，随着受教育程度的提高，参加工伤保险的农民工比例基本也在逐步升高。

从婚姻状况来看，东部地区未婚农民工参加工伤保险的比例较高，约为36.5%，其他婚姻状况的投保率为20%左右；中部地区的未婚、离婚农民工参加工伤保险的比例较高，在12%以上，其他婚姻状况的都低于9%；西部地区和东北地区都是未婚参加工伤保险比例较高，为13%左右。

从就业身份来看，农民工雇员参加工伤保险的比例高达30.4%，而其他就业身份的投保率低于5%。

表5—5 参加工伤保险情况

单位：%

地区		参加工伤保险比例				
		东部地区	中部地区	西部地区	东北地区	合计
被访者性别	男	28.0	10.5	12.6	9.2	18.6
	女	22.6	6.0	6.4	6.4	13.5
年龄组	15—19岁	29.4	5.8	6.0	6.9	17.3
	20—24岁	33.3	12.5	12.7	14.0	22.7
	25—29岁	28.7	10.3	12.8	10.6	19.6
	30—34岁	24.5	7.9	8.8	7.7	15.7
	35—39岁	21.5	6.8	8.9	7.5	13.8
	40—44岁	20.8	6.6	9.5	5.8	13.2
	45—49岁	18.9	6.3	7.6	4.9	11.2
	50—54岁	15.8	6.1	7.6	4.4	9.7
	55—59岁	15.3	6.8	8.3	2.6	9.6
被访者教育程度	未上过学	14.0	5.3	4.1	5.1	8.2
	小学	18.0	5.8	6.3	4.1	10.8
	初中	22.9	6.6	8.4	7.3	14.4
	高中	29.4	9.7	11.7	10.1	18.4
	中专	41.1	12.2	20.9	17.9	29.2
	大学专科	48.1	23.1	26.0	17.6	35.5
	大学本科	54.5	29.4	40.3	21.0	44.1
	研究生	47.8	25.0	40.9	20.0	40.7

地区		参加工伤保险比例				
		东部地区	中部地区	西部地区	东北地区	合计
被访者婚姻状况	未婚	36.5	12.8	13.2	13.1	23.7
	初婚	22.3	7.1	9.0	6.3	14.3
	再婚	19.3	8.9	8.8	4.1	12.0
	离婚	20.1	13.1	8.4	6.7	12.1
	丧偶	21.0	6.5	6.9	7.1	10.9
就业身份	雇员	39.0	21.2	21.7	14.4	30.4
	雇主	7.5	2.9	2.1	0.9	4.1
	自营劳动者	3.4	1.0	1.4	0.8	1.9
	家庭帮工	3.2	0.2	0.9	0.9	1.6

5.参加失业保险状况。

从地区上看，东部地区农民工参加工伤失业保险的最多，在15%左右，而其他地区农民工投保率在5%左右(如表5－6所示)。

从性别上看，东部、中部、西部地区男性农民工参加失业保险的比例高于女性农民工，而东北部地区女性农民工的投保率高于男性农民工。

从年龄上看，15－40岁的农民工参加失业保险的比例较高，40岁以上年龄农民工的投保率基本在逐步降低。

从受教育程度来看，各个地区中随着受教育程度的提高，参加失业保险的农民工也逐步增多。

从婚姻状况来看，各个地区农民工中未婚参加失业保险的比例明显高于其他婚姻状况的投保比例。未婚投保率为13.9%，其他的低于9%。

从就业身份来看，农民工雇员参加失业保险的比例明显高于其他就业身份人员的投保比例。农民工雇员的投保率约为18%，而其他的低于4%。

表 5—6　参加失业保险情况

单位：%

地区		参加失业保险比例				
		东部地区	中部地区	西部地区	东北地区	合计
被访者性别	男	16.0	4.6	6.4	3.8	10.0
	女	15.7	3.5	4.3	4.1	9.2
年龄组	15—19 岁	14.1	2.3	2.8	2.1	8.1
	20—24 岁	20.5	6.3	7.9	7.3	13.7
	25—29 岁	20.0	6.4	7.9	6.7	13.2
	30—34 岁	17.5	4.0	5.1	4.8	10.5
	35—39 岁	13.6	3.1	5.0	3.4	8.2
	40—44 岁	11.3	2.9	4.7	2.1	6.8
	45—49 岁	9.3	1.9	3.4	1.6	5.1
	50—54 岁	6.5	1.6	2.9	0.5	3.6
	55—59 岁	5.2	1.0	3.1	0.7	3.2
被访者教育程度	未上过学	4.8	2.3	0.8		2.5
	小学	7.1	1.9	2.3	1.6	4.2
	初中	12.4	2.6	4.0	2.5	7.3
	高中	21.8	5.0	7.2	6.9	12.7
	中专	31.9	7.6	15.4	15.0	22.2
	大学专科	45.5	17.9	21.6	21.3	32.0
	大学本科	55.4	22.3	37.8	19.4	42.6
	研究生	34.8	25.0	40.9	40.0	37.0
被访者婚姻状况	未婚	21.8	6.3	8.1	6.7	13.9
	初婚	14.3	3.5	4.8	3.2	8.6
	再婚	12.7	3.4	5.1		7.0
	离婚	12.7	4.5	4.8	1.5	6.6
	丧偶	9.0	5.2	4.4	1.4	5.4
就业身份	雇员		10.8	12.2	7.2	18.0
	雇主	6.5	0.8	1.5	0.5	3.0
	自营劳动者	2.8	0.2	0.6	0.1	1.2
	家庭帮工	2.4		0.5		1.1

6.参加生育保险状况。

从地区上看，东部地区农民工参加生育保险的最多，投保率约为13.9%，而其他地区的投保率在3%左右。

从年龄来看，15—35岁农民工参加生育保险比例较高，而35岁以上的农民工参加生育保险比例比较低。

从受教育程度来看，在大学以下教育程度农民工，随着受教育程度的提高，参加生育保险的比例基本在升高；东部、中部、西部地区的研究生投保率相比大学本科毕业农民工有所降低，东北地区的研究生投保率则比大学本科的还高出许多。

从婚姻状况来看，东部地区农民工中未婚和初婚参加生育保险的比例较高，中部地区的再婚参加生育保险的比例较高，约为2.1%，其次是未婚的，约为1.8%；西部和东北地区都是未婚参加生育保险的较高。

从就业身份来看，所有地区农民工雇员参加生育保险的比例最高。

表5—7 参加生育保险的情况

单位：%

地区		参加生育保险比例				
		东部地区	中部地区	西部地区	东北地区	合计
被访者性别	男					
	女	13.9	3.0	3.7	3.7	8.1
年龄组	15—19岁	6.4	0.5	0.8	0.8	3.4
	20—24岁	9.8	2.4	2.9	3.9	6.2
	25—29岁	9.3	2.5	2.9	3.0	5.8
	30—34岁	7.3	1.3	1.5	2.4	4.2
	35—39岁	4.9	1.0	1.3	0.9	2.8
	40—44岁	3.6	0.9	1.1	0.5	2.0
	45—49岁	2.1	0.3	0.5	0.4	1.1
	50—54岁	0.8	0.1	0.3		0.4
	55—59岁	0.3				0.1

地区		参加生育保险比例				
		东部地区	中部地区	西部地区	东北地区	合计
被访者教育程度	未上过学	2.0	1.0	0.2		1.0
	小学	3.1	1.0	0.7	0.4	1.7
	初中	4.9	0.9	1.1	1.2	2.8
	高中	8.0	1.3	2.1	2.7	4.4
	中专	14.5	2.6	4.2	6.8	9.2
	大学专科	21.2	7.1	8.4	7.1	14.1
	大学本科	29.0	6.4	14.4	8.9	19.7
	研究生	13.0		13.6	20.0	13.0
被访者婚姻状况	未婚	9.0	1.8	2.6	3.0	5.4
	初婚	6.0	1.3	1.4	1.3	3.4
	再婚	2.8	2.1	1.1		1.7
	离婚	5.4	0.8	1.4	0.3	2.4
	丧偶	3.6	1.3	0.7		1.5
就业身份	雇员	9.6	3.6	3.6	3.0	6.8
	雇主	2.3	0.1	0.4	0.5	1.0
	自营劳动者	1.1	0.1	0.2	0.0	0.5
	家庭帮工	1.8	0.4	0.1		0.8

7.参加城镇养老保险。

表 5—8　参加城镇养老保险情况

单位:%

地区		参加城镇养老保险比例				
		东部地区	中部地区	西部地区	东北地区	合计
被访者性别	男	23.3	9.3	12.4	9.3	16.2
	女	23.3	6.9	10.4	9.9	15.5

地区		参加城镇养老保险比例				
		东部地区	中部地区	西部地区	东北地区	合计
年龄组	15—19 岁	14.5	3.4	4.4	4.6	9.0
	20—24 岁	24.9	10.9	11.7	12.6	17.9
	25—29 岁	28.7	11.1	15.9	15.3	20.9
	30—34 岁	28.5	8.4	11.8	13.0	19.0
	35—39 岁	22.1	6.8	11.0	9.0	14.8
	40—44 岁	18.4	6.8	10.6	5.7	12.6
	45—49 岁	15.0	5.7	9.9	4.9	10.5
	50—54 岁	12.5	5.8	9.3	4.4	9.2
	55—59 岁	8.5	4.9	8.5	3.6	7.3
被访者教育程度	未上过学	6.9	3.8	3.8		4.9
	小学	10.0	3.6	5.1	2.3	6.7
	初中	16.4	5.2	7.4	5.5	10.8
	高中	27.6	8.7	13.0	13.0	17.9
	中专	38.0	13.6	24.5	22.1	28.9
	大学专科	55.1	24.4	35.4	34.4	42.8
	大学本科	69.1	37.2	49.2	44.3	57.8
	研究生	77.3	59.3	43.9	74.2	68.3
被访者婚姻状况	未婚	26.2	11.0	14.2	14.4	19.0
	初婚	22.5	7.4	10.7	8.2	15.1
	再婚	21.4	9.4	13.6	1.5	14.5
	离婚	22.2	9.0	13.4	6.6	14.4
	丧偶	13.0	11.8	6.0	4.0	8.4
就业身份	雇员	32.7	18.1	21.6	15.5	26.5
	雇主	14.7	3.2	6.5	3.5	8.5
	自营劳动者	7.0	2.2	3.3	2.6	4.2
	家庭帮工	5.7	1.6	2.6	4.7	3.6

从地区看，东部城镇养老保险的参加明显高于其他地区，东部高达23%，而其他地区在9%左右。

从性别看，在各个地区中，东部、东北部地区农民工男女参加城镇养老保险的比例都差不多，西部、中部地区男性参保率比女性稍高。

从年龄看，农民工 20 岁到 50 岁之间参加城镇养老保险较多，投保比例在 10％以上，其他年龄段都低于 10％。

从受教育程度来看，农民工随着受教育程度的提高，参加城镇养老保险的比例基本维持增大的趋势。未上学的投保在 4.9％左右，而研究生的投保率高达 68.3％。

从婚姻状况来看，农民工未婚、初婚、再婚、离婚的参加城镇养老保险的比例较高，在 14％以上；丧偶的参保率较低，在 8.4％左右。

从就业身份来看，农民工雇员参加城镇职工医保的比例最高，高达 26.5％，而雇主、自营劳动者、家庭帮工投保比例低于 10％。

四、农民工参加社会保险的影响因素分析

(一)参加城镇职工医保的回归分析

将在本地没有参加城镇职工医保的农民工作为对照组，将年龄、月收入、受教育年数、就业单位性质、就业身份作为自变量，对参加城镇职工医保农民工进行回归分析。

表 5－9　参加城镇职工医保 logistic 回归分析

在本地是否参加城镇职工医保[a]		B	标准误差	Wald	df	显著水平	Exp(B)	Exp(B)的置信区间 95％	
								下限	上限
有	截距	－6.042	0.064	8875.497	1	0.000			
	年龄	0.004	0.001	12.299	1	0.000	1.004	1.002	1.005
	月收入	0.000	0.000	592.442	1	0.000	1.000	1.000	1.000
	受教育年数	0.211	0.003	3656.548	1	0.000	1.235	1.226	1.243
	就业单位性质	1.038	0.024	1810.144	1	0.000	2.824	2.692	2.962
	就业身份	2.237	0.028	6489.493	1	0.000	9.361	8.865	9.885
	男性	－0.255	0.017	216.210	1	0.000	0.775	0.749	0.801
	女性	0[b]	0.	0.	0	0.	0.	0.	0.

各个变量都是显著的，模型也是显著的，得到的回归方程为：

$$\ln\left(\frac{P(y=1|x_1,x_2,x_3,x_4,x_5,x_6)}{1-P(y=1|x_1,x_2,x_3,x_4,x_5,x_6)}\right)=-6.042+0.004x_1+0.211x_3$$

$+1.038x_4+2.237x_5-0.255x_6$

其中，$y=1$ 表示参加城镇职工医保，x_1、x_2、x_3 分别表示年龄、月收入、受教育年数。x_4、x_5、x_6 是就业单位性质（国有企业、集体、事业单位＝1，其他＝0）、就业身份（被雇＝1，自雇＝0）、性别变量（男性＝1，女性＝2），性别是虚拟变量，以女性作为对照组。

截距为－6.042，说明参加城镇职工医保的农民工明显低于不参加的。就业单位性质、就业身份的系数都明显大于其他系数，说明国企、集体、事业单位等单位性质对参加城镇职工医保有积极的影响。被雇者的就业身份同样对参加城镇职工医保有积极的影响。而性别变量系数为负，说明女性比男性参加城镇职工医保多。受教育年数的系数也为正，说明随着受教育程度的提高，投保的也就越多。月收入的系数为 0，说明月收入的高低对参加城镇医保基本没有影响，年龄的系数较低，说明年龄对参加城镇职工医保的影响不大。

（二）参加城镇居民医保的回归分析

对在本地是否参加城镇居民医保做 logistic 回归分析，将在本地没有参加城镇居民医保的作为对照组。

表 5－10　在本地是否参加城镇居民医保 logistic 回归分析

在本地是否参加城镇居民医保[a]		B	标准误差	Wald	df	显著水平	Exp(B)	Exp(B)的置信区间 95%	
								下限	上限
有	截距	－4.726	0.099	2280.669	1	0.000			
	年龄	0.017	0.002	97.642	1	0.000	1.017	1.013	1.020
	月收入	0.000	0.000	10.258	1	0.001	1.000	1.000	1.000
	受教育年数	0.088	0.006	221.854	1	0.000	1.091	1.079	1.104
	就业单位性质	0.676	0.046	215.793	1	0.000	1.965	1.796	2.151
	就业身份	－0.107	0.031	12.150	1	0.000	0.899	0.846	0.954
	男性	－0.081	0.029	7.540	1	0.006	0.922	0.871	0.977
	女性	0[b]	0.	0.	0	0.	0.	0.	0.

各个变量都是显著的，模型也是显著的，得到的回归方程为：

$$\ln\left(\frac{P(y=1|x_1,x_2,x_3,x_4,x_5,x_6)}{1-P(y=1|x_1,x_2,x_3,x_4,x_5,x_6)}\right)=-4.726+0.017x_1+0.088x_3$$

$+0.676x_4-0.107x_5-0.081x_6$

其中，$y=1$ 表示参加城镇居民医保，x_1、x_2、x_3 分别表示年龄、月收入、受教育年数。x_1、x_2、x_3 是就业单位性质（国有企业、集体、事业单位＝1，其他＝0）、就业身份（被雇＝1，自雇＝0）、性别变量（男性＝1，女性＝2），性别是虚拟变量，以女性作为对照组。

截距为－4.726，参加城镇居民医保的农民工明显低于不参加的。年龄、月收入系数不大，甚至为0，说明年龄、月收入对参加城镇居民医保影响不大。受教育年数、就业单位性质都为正数，说明其他情况一定时，受教育程度越高，参加城镇居民医保人越多。国有企业、事业单位等单位性质也对参加城镇居民医保有积极的影响。就业身份为负，说明自雇农民工参加城镇居民医保的比被雇者多。性别变量也为负，说明男性投保率比女性低。

（三）参加商业医保的回归分析

对在本地是否参加商业医保做 logistic 回归分析，将在本地没有参加商业医保的作为对照组。

表 5－11　在本地是否参加商业医保 logistic 回归分析

在本地是否参加城商业医保[a]		B	标准误差	Wald	df	显著水平	Exp(B)	Exp(B)的置信区间 95％	
								下限	上限
有	截距	－5.242	0.097	2912.884	1	0.000			
	年龄	0.010	0.002	38.562	1	0.000	1.010	1.007	1.014
	月收入	0.000	0.000	471.640	1	0.000	1.000	1.000	1.000
	受教育年数	0.139	0.006	592.601	1	0.000	1.149	1.136	1.162
	就业单位性质	0.388	0.048	65.235	1	0.000	1.474	1.342	1.620
	就业身份	0.005	0.030	0.025	1	0.874	1.005	0.947	1.066
	男性	－0.063	0.029	4.889	1	0.027	0.939	0.888	0.993
	女性	0[b]	0.	0.	0	0.	0.	0.	0.

显著水平中，就业水平、性别明显偏大，说明模型中的就业水平、性别不显著，因此去掉这两个变量再作回归：

表 5—12 在本地是否参加商业医保 logistic 回归分析(续)

在本地是否参加城商业医保[a]		B	标准误差	Wald	df	显著水平	Exp(B)	Exp(B)的置信区间 95%	
								下限	上限
有	截距	−5.251	0.093	3179.202	1	0.000			
	年龄	0.010	0.002	37.213	1	0.000	1.010	1.007	1.013
	月收入	0.000	0.000	485.120	1	0.000	1.000	1.000	1.000
	受教育年数	0.138	0.006	591.108	1	0.000	1.148	1.136	1.161
	就业单位性质	0.386	0.047	68.265	1	0.000	1.471	1.342	1.611

去掉就业身份和性别变量后，各个变量都是显著的，模型也是显著的，得到的回归方程为：

$$\ln\left(\frac{P(y=1|x_1,x_2,x_3,x_4,x_5,x_6)}{1-P(y=1|x_1,x_2,x_3,x_4,x_5,x_6)}\right)=-5.251+0.010x_1+0.138x_3+0.386x_4$$

其中，$y=1$ 表示参加商业医保，x_1、x_2、x_3 分别表示年龄、月收入、受教育年数，是就业单位性质(国有企业、集体、事业单位=1，其他=0)。

截距为负数，说明参加商业医保的农民工比例比不参加的小很多，年龄、月收入系数不大，说明年龄、月收入对参加商业医保的影响也不大。受教育年数的系数为正，说明其他情况一定时，随着受教育年数的增加，参加商业保险的比例也会增加。就业单位性质为正，说明国企、集体、事业单位等性质的单位参加商业保险的较多。

(四)参加工伤保险的回归分析

将在本地没有参加工伤保险的作为对照组，年龄、月收入、受教育年数、就业单位性质、就业身份作为自变量，对参加工伤保险进行回归模型分析如下。

表 5—13　参加工伤保险 logistic 回归分析

在本地是否参加工伤保险[a]		B	标准误差	Wald	df	显著水平	Exp(B)	Exp(B)的置信区间 95%	
								下限	上限
有	截距	−5.061	0.057	8020.111	1	0.000			
	年龄	−0.003	0.001	13.971	1	0.000	0.997	0.995	0.998
	月收入	0.000	0.000	1180.757	1	0.000	1.000	1.000	1.000
	受教育年数	0.108	0.003	1265.666	1	0.000	1.114	1.107	1.121
	就业单位性质	0.865	0.023	1370.473	1	0.000	2.376	2.269	2.487
	就业身份	2.832	0.027	10949.981	1	0.000	16.975	16.098	17.899
	男性	0.100	0.016	41.383	1	0.000	1.105	1.072	1.139
	女性	0[b]	0.	0.	0	0.	0.	0.	0.

各个变量都是显著的，模型也是显著的，得到的回归方程为：

$$\ln\left(\frac{P(y=1|x_1,x_2,x_3,x_4,x_5,x_6)}{1-P(y=1|x_1,x_2,x_3,x_4,x_5,x_6)}\right)=-5.061-0.003x_1+0.108x_3+0.865x_4+2.832x_5-0.1x_6$$

其中，$y=1$ 表示参加工伤保险，x_1、x_2、x_3 分别表示年龄、月收入、受教育年数。x_4、x_5、x_6 是就业单位性质（国有企业、集体、事业单位＝1，其他＝0）、就业身份（被雇＝1，自雇＝0）、性别变量（男性＝1，女性＝2），性别是虚拟变量，以女性作为对照组。

截距为－5.061，参加工伤保险的农民工少于不参加工伤保险的。年龄、月收入系数极小，可以认为年龄和月收入基本对参加工伤保险没有影响。受教育年数的系数为 0.108，说明受教育程度的提高对参加工伤保险的比例有所提高，但幅度没有就业单位性质、就业身份的大，就业身份的系数为 2.832，就业单位性质为 0.865。男性系数为 0.1，说明男性比女性参加工伤保险的稍多一些。

（五）参加失业保险的回归分析

把月收入、受教育年数、就业单位性质、就业身份作为自变量，对参加失业保险进行的回归模型分析如下。

表 5—14 参加失业保险 logistic 回归分析

在本地是否参加失业保险[a]		B	标准误差	Wald	df	显著水平	Exp(B)	Exp(B)的置信区间 95%	
								下限	上限
有	截距	−6.564	0.071	8644.357	1	0.000			
	年龄	0.001	0.001	1.311	1	0.252	1.001	0.999	1.003
	月收入	0.000	0.000	566.879	1	0.000	1.000	1.000	1.000
	受教育年数	0.226	0.004	3665.839	1	0.000	1.253	1.244	1.262
	就业单位性质	0.967	0.026	1437.269	1	0.000	2.630	2.502	2.765
	就业身份	2.443	0.033	5469.572	1	0.000	11.511	10.790	12.282
	男性	−0.217	0.019	134.561	1	0.000	0.805	0.776	0.835
	女性	0[b]	0.	0.	0	0.	0.	0.	0.

年龄的显著水平为 0.252，不显著，而其他变量都是显著的。因此去掉年龄变量，再对是否参加失业保险作回归分析如下。

表 5—15 参加失业保险 logistic 回归分析(续)

在本地是否参加失业保险[a]		B	标准误差	Wald	df	显著水平	Exp(B)	Exp(B)的置信区间 95%	
								下限	上限
有	截距	−6.510	0.051	16028.032	1	0.000			
	月收入	0.000	0.000	574.088	1	0.000	1.000	1.000	1.000
	受教育年数	0.224	0.004	4069.204	1	0.000	1.252	1.243	1.260
	就业单位性质	0.970	0.025	1461.031	1	0.000	2.638	2.510	2.772
	就业身份	2.439	0.033	5519.364	1	0.000	11.465	10.751	12.228
	男性	−0.214	0.019	133.214	1	0.000	0.807	0.778	0.837
	女性	0[b]	0.	0.	0	0.	0.	0.	0.

去掉年龄变量后，各个变量是显著的，并且模型也是显著的，那么是否参加失业保险的回归方程为：

$$\ln\left(\frac{P(y=1|x_1,x_2,x_3,x_4,x_5,x_6)}{1-P(y=1|x_1,x_2,x_3,x_4,x_5,x_6)}\right)=-6.51+0.224x_3+0.97x_4+2.439x_5-0.214x_6$$

其中，$y=1$ 表示参加失业保险，x_2、x_3 分别表示月收入、受教育年数。x_4、x_5、x_6 是就业单位性质(国有企业、集体、事业单位＝1，其他＝0)、就业身份(被雇=1,自雇=0)、性别变量(男性=1,女性=2),性别是虚拟变量,以女性作为对照组。

截距为−6.51,说明参加失业保险的农民工明显少于不参加失业保险的。月收入的系数约为0,说明月收入的高低对是否参加失业保险基本没有影响。受教育年数、就业单位性质、就业身份的系数都是正的,所以随着受教育水平的提高,参加工伤保险的比例越大,国有企业、集体、事业单位等参加失业保险的比例大于其他的就业性质单位。被雇的参加失业保险的农民工明显多于自雇的。男性参加失业保险明显少于女性。

(六)参加生育保险的回归分析

将在本地没有参加生育保险的农民工作为对照组,年龄、月收入、受教育年数、就业单位性质、就业身份作为自变量,对参加生育保险的进行回归模型分析如下。由于男性不参加生育保险,因此这里没有性别变量。

表 5−16 **参加生育保险** logistic **回归分析**

在本地是否参加生育保险[a]		B	标准误差	Wald	df	显著水平	Exp(B)	Exp(B)的置信区间95%	
								下限	上限
有	截距	−2.726	0.230	140.276	1	0.000			
	年龄	0.017	0.004	18.057	1	0.000	1.018	1.009	1.026
	月收入	0.000	0.000	8.210	1	0.004	1.000	1.000	1.000
	受教育年数	0.235	0.014	294.616	1	0.000	1.265	1.231	1.299
	就业单位性质	0.641	0.141	20.757	1	0.000	1.898	1.441	2.501
	就业身份	1.607	0.084	366.443	1	0.000	4.986	4.230	5.878

各个变量都是显著的,模型也是显著的,得到的回归方程为:

$$\ln\left(\frac{P(y=1|x_1,x_2,x_3,x_4,x_5,x_6)}{1-P(y=1|x_1,x_2,x_3,x_4,x_5,x_6)}\right)=-2.726+0.017x_1+0.235x_3+0.641x_4+1.607x_5$$

其中,$y=1$表示参加生育保险,x_1、x_2、x_3分别表示年龄、月收入、受教育年数。x_4、x_5是就业单位性质(国有企业、集体、事业单位=1,其他=0)、就业身份(被雇=1,自雇=0)、性别变量(男性=1,女性=2),性别是虚拟变量,以女性作为对照组。

截距为负,说明参加生育保险的农民工比例少于未参加生育保险的。年龄、月收入的系数依然不高,说明年龄、月收入对是否参加生育保险影响不大。而教育年数的系数为0.235,说明其他水平一定的情况下,随着受教育水平的提高，参加生育保险的比例也会提高。就业单位性质为正，说明国企、事业单位等就业单位比其他性质的单位参加生育保险的多。就业身份的系数为正，说明被雇农民工参加生育保险的比例高于自雇的。

(七)参加养老保险回归分析

将在本地没有参加城镇养老保险的农民工作为对照组，年龄、月收入、受教育年数、就业单位性质、就业身份作为自变量，对参加养老保险进行的回归模型分析如下。

表 5—17 参加城镇养老保险 logistic 回归模型

在本地是否参加城镇养老保险[a]		B	标准误差	Wald	df	显著水平	Exp(B)	Exp(B)的置信区间 95%	
								下限	上限
有	截距	−2.633	0.345	58.273	1	0.000			
	年龄	0.037	0.002	225.713	1	0.000	1.038	1.033	1.043
	收入对数	0.321	0.044	52.912	1	0.000	1.378	1.264	1.503
	受教育年数	0.251	0.008	1009.382	1	0.000	1.285	1.265	1.305
	就业单位性质	−0.082	0.008	100.366	1	0.000	0.921	0.907	0.936
	就业身份	−0.656	0.028	547.591	1	0.000	0.519	0.491	0.548
	男性	−0.302	0.043	48.542	1	0.000	0.739	0.679	0.805
	女性	0[b]	0.	0.	0	0.	0.	0.	0.

各个变量都是显著的，模型也是显著的，得到的回归方程为：

$$\ln\left(\frac{P(y=1|x_1,x_2,x_3,x_4,x_5,x_6)}{1-P(y=1|x_1,x_2,x_3,x_4,x_5,x_6)}\right)=-2.633+0.037x_1+0.321x_2+0.251x_3-0.082x_4-0.656x_5-0.302x_6$$

其中，$y=1$ 表示参加城镇养老保险，x_1、x_2、x_3 分别表示年龄、月收入、受教育年数。x_4、x_5 是就业单位性质（国有企业、集体、事业单位＝1，其他＝0）、就业身份（被雇＝1，自雇＝0）、性别变量（男性＝1，女性＝2），性别是虚拟变量，以女性作为对照组。

截距为负，说明参加养老保险的农民工比例少于未参加养老保险的。年龄的系数不高，说明年龄对是否参加养老保险影响不大。收入的系数为 0.321，收入越高参加养老保险比例越大。而教育年数的系数为 0.251，说明其他水平一定的情况下，随着受教育水平的提高，参加养老保险的比例也会提高。就业单位性质为负，说明国企、事业单位等就业单位比其他性质的单位参加养老保险的少。就业身份的系数也为负，说明被雇农民工参加养老保险的比例低于自雇的。

五、小结与政策含义

通过以上的分析，我们可以得出以下结论。

1. 在农民工社会保险体系中，参加工伤保险、城镇养老保险、城镇职工医保的比例比较高，分别为16.3%、15.9%、11.6%。但从总体看，农民工参加社会保险的比例仍旧很低。

2. 从整体来看，受教育水平越高，参加保险的比例越高。这一方面可能是由于受教育水平高的农民工群体工作单位更好一些，而这些单位的福利保障比较好；另一方面可能是受教育水平高的农民工参与社会保险的觉悟比较高，知道如何更好地为自己争取权益。

3. 从年龄结构来看，农民工参加社会保险呈现“倒U”型。25—35岁的农民工参加各种社会保险的比例比较高。这一方面可能是由于这些人群经济实力比较好，另一方面可能是这些人群参加社会保险的思想意识比较强。

结合以上结论，本章认为要推进农民工社会保险体系的构建，提高农民工参与社会保险的比例，可以从以下几个方面着手：

第一，结合农民工群体的“异质化”特征，构建差异化、渐进式社会保险模式。当前农民工群体并不是铁板一块，而是存在很大差异性。对于年龄大一些的农民工来说，他们在城市的竞争力比较低，迟早是要回到农村的，这些群体应该鼓励他们加入农村社会保障体系；对于新生代农民工，他们融入城市的意愿强烈，在“居住证”制度实施过程中，应该鼓励他们加入城镇社会保障体系。此外，应该进一步完善城乡社会保障体系的衔接机制，争取实现无缝隙对接，比如可以为所有进城农民工建立电子个人账户，在农民工跨城市或区域流动时，账户随之转移。

第二，在推行“居住证”管理制度的同时，把是否参加社会保险作为办理居住证的条件。要求农民工在办理居住证时必须已经开始缴纳社会保险。在这里需要说明的是，不需要农民工再出具相关的是否加入社会保险的证明，因为这个可以通过网络直接核对，从而方便农民工办理。

第三，可以实施“产业链”管理模式，特别是在建筑行业、交通运输等行业，可以采用这个模式。所谓产业链管理模式是指将企业是否参加社会保险作为其承接、投标等的前提条件。

第四，借鉴“名义账户”的个人激励机制，鼓励农民工监督企业单位为其办理社会保险。但是，为了减轻企业负担，应该设置不同的比例，不能一刀切。

/第六章/

农民工居住现状及购房选择的影响因素研究

居住状况也是影响农民工城市融入能力的重要因素。研究证明，农民工居住状况和购房选择受到收入水平和消费观念的显著影响，同时农民工受教育水平和就业状况也直接或间接影响到农民工居住问题。本章研究的居住问题和购房选择问题，是新型城镇化过程中，农民工能够在城市“扎根”的重要影响因素。

农民工是城市中的底层群体。毋庸置疑的是，农民工对城市的发展贡献是巨大的，但是他们却拿着与自己努力付出不匹配的微薄收入。低收入导致农民工群体难以得到安定的居所，购房对大部分农民工是无法实现的目标，租到一间舒适且便宜的房屋有时甚至是一种奢侈。房屋是家庭生活的主要空间，是人类自身生存、繁衍、享受生活的物质基础。居所的不确定导致农民工就业流动频繁，进一步导致工资收入的减少。这无疑是一种恶性循环，造成了农民工的生活水平下降。并且流动频繁的农民工导致了一些企业的用工荒，一定程度上阻碍了企业的发展。新一代农民工，该何去何从？针对这个问题，本章将深入探讨。

一、研究的背景和意义

解决农民工住房问题是推进我国城镇化进程的重要环节，也是解决民生问题的重要环节。住房问题，是农民工市民化进程中最难解决的问题之一，其中重要的原因是房价的迅速攀升所带来的压力。近年来，房价呈现着一路上涨的趋势。虽然国家曾出台政策试图放缓房价上涨，但是在大城市买房仍然是大部分农民工甚至是外来流动人口难以实现的梦想。从2015年9月全国房价排行榜看(见表6—1)，北京、深圳的平均房价已经达到35000元/m^2以上，上海的平均房价接近35000元/m^2，全国前10名的房价大部分处于上涨的状态。这些城市不仅仅房价在全国城市中排在前列，同时也是农民工进城务工的重要城市。

2014年北京市常住人口2114.8万人，其中常住外来人口802.7万人，户籍人口1316.3万人。上海的常住人口达到2425.7万人，其中常住外来人口达到996.4万人。广州常住人口1308.05万人，其中外来人口465.03万人。这些城市的本地居民尚且难以支付高昂的房价，大多数外来人口的收入低于本地人口，所以他们更加难以在当地购买商品房。已有的研究表明农民工主要靠租房解决住宿问题。

表6—1　2015年9月全国城市房价排行榜[①]

排名	城市	平均房价(元/m^2)	同比(%)
1	深圳	38,314	
2	北京	36,924	1.8
3	上海	34,177	9.4
4	厦门	24,054	3.5
5	广州	19,930	6.5
6	杭州	17,906	2.2
7	南京	17,248	—1.3
8	三亚	17,170	—7.5
9	温州	17,009	—6.3
10	陵水	15,570	9.9

①全国城市房价排行榜[OL]. http://www.cityhouse.cn/default/forsalerank.html#.

绝大多数农民工没有能力购买住房，只能租房，而有些大城市的房租也是高不可攀的。以北京为例，2013年北京每套住房的租金就达到3748元。由于在北京生活的农民工绝大多数租不起成套的住房，因而解决住房的主要方式是租赁非正规住房（包括村镇非正规出租房、群租房和地下室）或者居住在雇主提供的宿舍里，还有相当一部分居住在工作场所和工棚里。大多数农民工的住房条件很差，没有厨房以及单独的厕所和浴室，没有暖气或者空调设备，卫生环境也比较差。联合国人居署认为贫民窟是指具有以下特征的地区：不充足安全的饮用水、不充足的卫生和基础设施、房屋结构质量差、过度拥挤、不安全的住房状况[①]。根据这个定义多数农民工实际居住在贫民窟里或者属于住房贫困户。

当然，也有部分农民工在城市购买了住房。这些农民工数量虽然不多，比例也不大，但是这也表明如果农民工获得公积金贷款或者有机会购买经济适用房，相当一部分农民工也可以购买住房，也想永久定居并融入超大城市。

农民工购房有自己的特点。其购房地点有以下三种情况：在务工地购房就地市民化，返回家乡的城镇购房但是还在外地务工，返乡购房并定居在家乡的城镇工作生活。这三种模式实际上表现出农民工在城市化过程中选择家业分离式或家业合一式的生活模式。这两种不同的选择对我国城市化也有着深远的影响。

农民工在城镇购房对农民工市民化和城市融入意义非凡，是农民工融入城市的重要标志。然而，根据国家统计局的农民工监测来看，农民工在城镇购房的比例始终在1%左右徘徊。2009年，仅有0.8%的外出农民工在务工地自购房。2014年，在务工地自购房的农民工占1%，比上年提高0.1个百分点。自购房农民工比例提高的原因，主要是在小城镇自购住房的农民工增加。在自购房农民工中，在小城镇购房的农民工占49.1%，比上年提高

---

①联合人居署．贫民窟的挑战——全球人类居住区报告2003[M]，中国建筑工业出版社，2006.

2.7个百分点[①]。可见农民工要在大城市定居不是件容易的事情。然而,根据其他学者的调查,农民工在务工地购房的比例要高得多,有的达到4%—5%,有的甚至接近10%。根据国家计生委流动人口服务管理司(2011)的报告,流动人口在现居住地购买商品房的比例为5.9%,购买商品房的比例为10.6%,城乡移民在老家购买商品房的比例为4.7%[②]。居者有其屋,农民工群体渴望扎根城市需求的增长以及面向农民工住房供给的下降是城镇化路程上急需解决的矛盾。

那么,农民工在务工地城镇的居住来源到底是有哪些?农民工在务工地城镇购房的比例有多大?在务工地城镇购房受到哪些因素的影响呢?本章尝试回答这三个问题。文章的第一部分是北上广农民工住房问题背景与意义;第二部分是农民工住房情况和政策保障研究的文献回顾;第三部分是研究的理论基础、研究假设、数据和方法;第四部分是数据分析的呈现;第五部分是结论和讨论。

二、文献综述

通过笔者对文献的回顾与研读,关于农民工居住的文献研究主题大概可以分为如下四类:农民工居住现状与问题;解决农民工住房问题的对策建议;农民工选择住房类型的影响因素;农民工住房保障政策的研究。

(一)农民工居住现状和问题

这类研究主要通过对数据的描述性统计,分析农民工居住的现状和特征,并且指出农民工居住存在的主要问题。

通过笔者研读文献,发现不同学者关于农民工居住特征的描述基本相同,通过总结得出农民工居住现状的主要特征是:农民工主要是租赁房屋和在单位居住为主,居住类型以城郊的平房为主;农民工主要多人合住,租住地多结构简陋,设施不全。学者之间相似的描述说明全国各地的农民工居

---

①国家统计局的调查范围是全国31个省(自治区、直辖市)的农村地域,在1527个调查县(区)抽选了8930个村和23.5万名农村劳动力作为调查样本。采用的是入户访问形式,按季度进行调查。

②国家人口和计划生育委员会流动人口管理服务司.中国流动人口发展报告2012[M],中国人口出版社,2012.

住状况面临类似的情况，同时农民工居住状况随着时间的迁移，并没有得到明显改善。

此外，王凯、侯爱敏、翟青(2010)认为农民工在城市中的居住模式复杂，且与家人同住的比例正呈上升趋势。农民工对居住的满意度比较高，原因可能是农民工对居住条件的心理预期较低。“如果从更高的层面上来说，如追求舒适性和享受性，几乎所有的城市外来人员表达了不满意。”他们认为微薄的工资收入使农民工无力改变住房现状，而户籍制度成为农民工融入城市的“门槛”，针对农民工的住房市场不健全，同时法律制度对农民工权利维护的力度仍然不足①。杨龙、白南风、李萌(2014)认为农民工居住呈现边缘聚居化的格局，即在城郊或城中村形成一种类似于“村落型”的聚居模式②。魏立华、阎小培(2005)同样认为“聚居”是外来人口进城后长期主要的居住模式，不同的是文章进一步指出了这样居住模式占主导的重要原因，在此基础上分析了一种重要聚居模式——“城中村”存在的长期性和合理性，并在此基础上认为城中村的改造应当针对外来人口聚居天性进行原位改造③。刘保奎、冯长春、申兵(2012)认为农民工迁居上呈现高频率、短距离、不充分的特征，并且由于农民工租金限制，迁居前后的住房状况没有显著改善④。刘保奎(2014)在另一篇文章中，再次提到了这样的迁居特征，同时将农民工迁居划分为四个阶段，给出了不同阶段的农民工迁居的心理特征。他指出了目前的住房政策与农民工居住现状互不适应的五大矛盾，并据此给出相应建议⑤。董昕(2013)认为农民工住房问题发展的阶段与城镇住房的发展阶段相一致，同时农民工的最主要住房来源已经从单位宿舍逐渐转变为租住私房，农民工住房保障的责任主体也由单位转变为政府⑥。陈鸿

---

①王凯，侯爱敏，翟青.城市农民工住房问题的研究综述[J].城市发展研究，2010(01)：118－122.

②杨龙，白南风，李萌.农民工城镇居住状况及定居能力研究[J].调研世界，2014(12)：32－35.

③魏立华，阎小培.中国经济发达地区城市非正式移民聚居区——“城中村”的形成与演进——以珠江三角洲诸城市为例[J].管理世界，2005(08)：48－57.

④刘保奎，冯长春，申兵.北京外来农民工居住迁移特征研究[J].城市发展研究，2012(05)：72－76，87.

⑤刘保奎.居“微”思安：北京外来农民工居住状况调查[J].经济研究参考，2014(61)：61－76，83.

⑥董昕.中国农民工住房问题的历史与现状[J].财经问题研究，2013(01)：117－123.

彬，徐珍珍(2013)认为目前郑州市农民工住房主要存在的问题有四个：户籍制度制约农民工购买住房，农民工经济基础薄弱无力购买住房，农民工流通性强影响购房，炒房集团使房价攀升[①]。

关于农民工居住现状和问题的研究多以局部地区的数据展开，主要原因是数据难以获得——居住状况的数据大多通过问卷访谈形式获得，难以开展大规模的调查。其次不同地区之间，农民工居住状况有所不同。例如，杨龙、白南风、李萌(2014)的调查中，北京、深圳两市所调查的农民工中，采取租房方式的农民工占到66.7%，而来自于安徽、湖北、江苏、山东、山西、浙江、重庆等7个省市的租房比重为34%[②]。虽然总体而言，自己租房仍然是农民工住房的主要选择，但是不同地区的具体情况存在较大差异，尤其是特大城市的农民工住房很大部分是单位提供的，这需要进一步研究。但同时分地区研究也有其局限性。例如，何军、王胜利(2011)比较细致地分析了西安市区农民工居住问题的现状以及存在的问题[③]，但是由于针对性较强，难以从西安市区提升至全国的高度，得到适用于其他城市的政策建议。因此，笔者认为目前该类研究仍缺乏比较全面的、分类的对比分析。

(二)解决农民工住房问题的对策建议

在已有的关于农民工住房的对策建议文献中，各学者分别站在不同的角度提出了针对性的观点。

吕萍、甄辉、丁富军(2012)认为不同地区对农民工的吸引力和吸纳力各有不同，文章将不同地区根据吸引力和吸纳力的高低组合分为“四型九类”，针对不同类型的地区提出农民工不同的住房政策的构想。吸引力和吸纳力较高的地区住房矛盾最复杂，政府应当根据地方不同情况，采取园区配建，公共租赁等不同方式解决问题；吸引力和吸纳力较低的地区应采取充分挖掘住房市场潜力，使用公共租赁的方式解决住房问题。其他类型的地区则

①陈鸿彬，徐珍珍.农民工住房存在的问题与解决对策——以郑州市为例[J].地域研究与开发，2013(01)：41－44.

②杨龙，白南风，李萌.农民工城镇居住状况及定居能力研究[J].调研世界，2014(12)：32－35.

③何军，王胜利.西安市区农民工居住问题研究[J].理论导刊，2011(05)：57－59，112.

要进一步规范租屋管理，考虑适用的准市民化政策[①]。蒋旻(2011)基于城市规划的视角，分析了农民工在城市中的空间居住特征，得出了城市规划的目标，提出了加强城中村改造，鼓励企业增设宿舍，筹建农民工廉租宿舍以及有条件的将部分农民工纳入城市公共住房体系四个政策建议[②]。李旻琪(2013)以山西为例，提供了鼓励各方面制度创新以及盘活农村建设用地的相关建议[③]。金三林(2010)提出了解决农民工住房问题的总体思路，将农民工分为三类：市民化的意愿和能力都很强的农民工、市民化意愿较强但是市民化能力较弱的农民工以及市民化意愿和能力都很弱的农民工，分析了不同农民工类型的住房选择特征，针对不同类型的农民工提出了不同的政策建议[④]。成德宁(2008)将农民工分为永久迁移型和非永久迁移型两类，提出应分类分层次解决不同类型农民工的居住问题，对于住房政策的改善有启发性的意义[⑤]。丁成日、邱爱军、王瑾(2011)对农民工居住的不同住房类型进行了优势和劣势的评价，从住房的角度上分析各类住房为农民工提供的便利和现存的问题，并依此提供了建议，提供了一个解决农民工居住问题的新角度[⑥]。

在该类研究中，各个学者主要是站在改善农民工住房供应市场上提出相关建议。例如，丁成日、邱爱军、王瑾(2013)提出的加强出租屋管理的建议以及成德宁(2008)提出的加强城中村改造的建议，主要是为了促进农民工住房市场的供应跟上日益增长的农民工住房需求。但是户籍制度和工资薪金仍是农民工住房问题解决的一个比较大的门槛，这就需要学者站在更高的层次上提出解决农民工问题的建议，从而从根本上解决农民工的住房

①吕萍，甄辉，丁富军. 差异化农民工住房政策的构建设想[J]. 经济地理，2012，32(10)：108－113，176.

②蒋旻. 解决农民工城市居住问题的思路与模式—— 基丁城市规划的视角[J]. 城市规划，2011(3)：84－88.

③李旻骐. 解决农民工住房问题的对策思考——以山西为例[J]. 生产力研究，2013(4)：121－122，146.

④金三林. 解决农民工住房问题的总体思路和政策框架[J]. 开放导报，2010(3)：40－44.

⑤成德宁. 我国进城农民工的居住问题及其解决思路[J]. 中国人口. 资源与环境，2008(4)：78－84.

⑥丁成日，邱爱军，王瑾. 中国快速城市化时期农民工住房类型及其评价[J]. 城市发展研究，2011(6)：49－54.

问题。

(三)农民工选择住房类型的影响因素

该类研究中,学者主要是通过数学方法和逻辑推演的方法判断影响农民工住房类型选择的主要因素。李健、刘永功(2011)使用了深度个案的研究策略,跟踪调查了一个北京的建筑工队的居住选择模式,研究社会网络对于农民工住房选择的影响。他们认为工队的社会网络所具有的封闭性、二重性、工人强势和亲友关系导向以及工人个人的社会网络结构决定了工队共居的居住模式,但是他们只局限在了工队的社会网络对选择的影响,没有分析其他工种[①]。董昕、周卫华(2014)通过使用房价收入比的指标衡量了中国东部、中部、西部的农民工的房价支付能力,得出了中国不同区域的农民工有着不同的房价支付能力的结论,并由此提供了不同区域农民的不同选择策略,证明了农民工住房选择的区域差异[②]。张永梅、李秉勤(2013)通过logistic回归的方法全面分析了影响住房选择的各类因素,提出农民工住房选择的行业差异实际上是农民工自雇以及受雇状态的影响结果[③]。宛恬伊(2010)站在代际视角上,分析了代际差异对于农民工选择住房的影响,证明了新一代农民工更多的选择居住在农民工宿舍,同时进行了两代农民工住房水平和租金水平的差异比较[④]。董昕、张翼(2012)通过最小二乘的方法全面研究了农民工在流入地对住房支出大小的影响因素,结论是农民工在流入地收入受地域因素以及非住房消费支出的影响较大,在老家有无住房对其在流入地的住房消费有明显负向影响[⑤],社会保障政策对住房消费影响显著,但是作用有限。

总体来说,大部分文献主要是针对某一方面对农民工居住的影响进行研究,而对于农民工居住的各种影响因素少有汇总和分析。同时这类调查

①李健,刘永功.论农民工的社会网络与居住模式选择[J].中国农学通报,2011(8):438－441.

②董昕,周卫华.住房市场与农民工住房选择的区域差异[J].经济地理,2014(12):140－146.

③张永梅,李秉勤.农民工居住问题:解读漂泊状态下的特殊性[J].南京人口管理干部学院学报,2013(3):3－7,36.

④宛恬伊.新生代农民工的居住水平与住房消费——基于代际视角的比较分析[J].中国青年研究,2010(5):47－51.

⑤董昕,张翼.农民工住房消费的影响因素分析[J].中国农村经济,2012(10):37－48.

主要是强调农民工自身的因素对选择的影响，而忽略了客观环境可能对农民工居住选择产生的影响。

(四)农民工住房保障政策的研究

该类研究主要是针对农民工住房的社会保障性政策所作出的相应研究。郑思齐、廖俊平、任荣荣、曹洋(2011)通过构建农民工住房和经济增长的理论模型，发现当产业结构处于低端背景下，农民工住房供给的数量增长对于经济增长的推动作用明显，但是随着高技能产业比重增加，推动作用随之衰减，而改善农民工居住环境的政策却对经济增长和社会融合有可持续性的推动作用[①]。韩客庆、林欣蔚(2015)通过描述性分析和 Probit 回归的方法，发现农民工对于住房保障政策了解不够，同时地方住房保障政策对本地人有所倾向，提出应该加强对农民工住房保障政策的普及，鼓励企业对农民工住房公积金的缴纳[②]。吕萍、周滔(2008)利用成本效益分析方法对建立统一住房保障体系和不建立统一住房保障体系的成本以及收益分别进行分析，得出了将农民工住房等纳入城市住房保障体系的效益大于成本，同时如果将住房问题作为突破点解决农民工问题也会事半功倍[③]。丁富军、吕萍(2010)通过建构改进的杜布林冲突分析模型，分析了解决冲突的五种不同方式的可行性和政策预期效果，据此选出了回避冲突、迁就以及强制解决冲突三种解决方式，并进一步深入对这三种解决方式的理论检验。文章认为建立农民工住房保障体系和取消城乡二元结构都不是最优政策，应当制定改革户籍制的长远目标，并在此框架下坚持改革和创新[④]。

除了以上四类文献，一些学者在农民工居住问题研究思路上提出了自己的看法。例如，朱磊(2014)提出了四种研究农民工居住问题的理论视角——空间视角、制度视角、权利视角和理论选择视角，认为现有理论对农

①郑思齐，廖俊平，任荣荣，曹洋.农民工住房政策与经济增长[J].经济研究，2011(2):73－86.

②韩客庆，林欣蔚.城市化进程中的农民工住房保障问题研究[J].湘潭大学学报，2015,39(3):24－27.

③吕萍，周滔.农民工住房保障问题认识与对策研究[J].城市发展研究，2008(3):110－114.

④丁富军，吕萍.转型时期的农民工住房问题——一种政策过程的视角[J].公共管理学报，2010(1):58－66.

民工的主体性关注过少。他认为应该"把关注点从'农民工的居住'转向'居住的农民工',充分呈现农民工的主体性表达与内部差异性"[①]。同时,朱磊在(2014)另一篇关于"无根性居住"的概念解构文章中,再次提出农民工主体性表达的重要性。他认为"当前学术界对于农民工居住现象的研究偏重于结构与制度的思维,农民工主体性的揭示及概念提炼上还有较大的空间"[②]。

三、假设、数据与方法

(一)假设

假设一:生命周期会对农民工住房选择产生显著影响。

经典的经济学理论认为,人的生命周期会对消费倾向有一定的影响。年轻的时候收入较少,但具有消费的冲动、消费的精力等消费条件,此时的消费会超过收入;进入中年以后,其实力既可以偿还年轻时的债务,又可以为年老积累财富,收入主要部分用以消费,剩下的储蓄,因此储蓄为正。退休之后步入年老,收入减少,消费又会超过收入,形成负储蓄。购买住房通常是由远期消费,也就是储蓄所支撑的,而其他种类的居住方式通常是以即期消费支撑的,因此不同年龄阶段的不同消费心理选择会导致不同年龄的住房选择差异,年龄是影响住房消费的一个重要因素。

孙玉环认为,家庭的生命周期会对住房需求倾向有比较明显的影响,处于不同生命周期阶段的家庭,其住房现状和对住房的需求率均有所差异。他认为处于与子女同住或者处于扩张家庭成员阶段的家庭,是住房市场的主要购买者。而子女离开家庭或者是丧偶独居者,购房的意向则相对较低[③]。在这里,我们将个人的生命周期和家庭的生命周期合并为同一的生命周期因素,假设农民工的生命周期会对是否购房的选择产生一定的影响。本章选择的生命周期因素包括婚姻、年龄以及工作年数。

假设二:经济能力会对农民工住房选择产生显著影响。

---

①朱磊.农民工的城市居住:经验研究与理论视角[J].城市发展研究,2014(6):80－85.

②朱磊.农民工的"无根性居住":概念建构与解释逻辑[J].山东社会科学,2014(1):72－77.

③孙玉环.家庭生命周期变动对住房市场需求的影响研究[J].预测,2009(3):16－20,56.

通常认为经济能力的强弱是左右个人消费选择的重要因素，收入消费曲线向我们揭示，在一般情况下，居民的消费会随着收入的提高而增加。经济能力通过收入状况直接影响居民的住房消费，但是有很多潜在的收入能力，不是通过每月的收入体现出来的，而是通过对一生的收入影响体现出来的。因此本章认为经济能力不仅表现在直接影响住房选择的个人收入上，同时还有通过合法手段间接获取经济的潜在能力。其中，接受教育程度的不同，不仅会产生短期的收入差异，更重要的是影响人的潜在收入。

2000 年美国人口普查局在对教育程度与收入情况经过统计后预测，在人的一生中（按工作 40 年计算），一个大学毕业生的总收入会比一个高中毕业生高出近百万美元。一个没有高中毕业的人，其一生的收入约为 100 万美元，高中毕业生一生的收入约为 120 万美元，上过大学但没有毕业的人一生的收入约为 150 万美元，大专毕业生一生的收入约为 160 万美元，大学毕业生一生的收入约为 210 万美元，硕士毕业生一生的收入约为 250 万美元，博士毕业生一生的收入约为 340 万美元，职业性学位获得者一生的收入约为 440 万美元。这说明教育程度对居民一生的收入影响是显著的。如果一个农民工预期未来的收入会有更大的潜力，他在当下的消费选择也是不同的。因此本章选择月收入、教育程度、就业身份三个指标来衡量农民工经济能力，在描述统计部分简单研究了一下农民工的教育程度对住房选择的影响，在 logistic 分析部分将三个指标纳入到标量之中研究经济能力对农民工购房选择的影响。

假设三：区位会对农民工住房选择产生显著影响。

除了个体的主观影响，外在的客观条件也会影响居住选择。在已有的研究中，区位因素被认为是影响农民工住房选择的一个重要外在条件。区位对农民工选择住房的影响主要是通过该区位的农民工收入水平和房价水平产生综合作用。平均收入越高的地方，农民工更倾向于选择购房，但平均收入越高的地方房价水平也较高，农民工的负担越重。

本章将我国分为四个方位和四个经济带，并假设在我国不同区位的农民工会有不同的住房选择倾向。描述统计部分研究了四个方位和四个经济带农民工的住房选择差异，在 logistic 分析部分主要以四个方位作为区位指标，研究了其对购房选择的影响。

（二）数据

本章在全国范围内抽取了 198795 人进行调查，其中 169650 人为农业户口，所占比例为 85.34%，即我们所说的农民工。

（三）研究设计

本章的研究部分分为描述统计部分以及 logistic 分析部分。

描述统计部分对农民工的基本居住情况做出概述，并分别分析在不同性别、婚姻情况、教育程度、年龄、务工年数以及分地区和分经济带的情况之下农民工的住房选择差异，之后在描述统计的基础之上，通过 logistic 分析进一步研究影响农民工在城镇购房的影响因素。本章将以前述的假设为背景设定相关变量，研究假设中的三大类因素对农民工购房选择的影响是否显著。

Logistic 研究中的变量设置为：因变量为农民工是否在城镇购房，是一个二分变量；自变量分为四组。这四组自变量分别为：第一组为控制变量，为农民工的性别状况；第二组为生命周期变量，包括婚姻状况、农民工年龄、工作年数；第三组为经济能力变量，包括农民工的受教育年数、个人月收入、就业身份；第四组为地区。

四、农民工在城镇居住状况

（一）调查对象的居住状况概述

通过对数据的简单处理，我们发现，在农民工的居住状况中（见表 6－2），租住私房所占比例最大，达到 67.3%；其次是购买商品房，达到 8.7%；接下来依次是单位（雇主）提供的免费住房、租住单位（雇主）房、就业场所、自建房、借住房，它们所占的比例分别为 8.4%、7.3%、3.0%、2.8%、1.3%；而其他非正规居所、政府提供的公租房、政府提供的廉租房和已购政策性保障房总共占 1.3%，这个比例与借住房相同，非常小，基本可以忽略不计。本章的结论与以前的文献总结出农民工租房比例相对较大的结论是一致的。但是我们发现购房的比例超过了单位免费提供住房的比例，与大部分文献农民工住在单位多于自购房的结论不同。

对于本章分析的结论和以往的文献总结不同，我们分析的原因是：第一，城市产业结构的格局主要是第三产业占比上升，第二产业占比下降，而提供住房的单位多为第二产业。因此，从市场供应方面来看，可以提供住房的单位减少。第二，国民收入水平实力增强，同时很多企业出现农民工短缺现象，农民工收入上升，有能力和意愿选择条件更好的住房，而单位宿舍通常来说环境较差并且没有私人空间。因此单位居住方式占比下降是合理的变化趋势。

表6—2　被访者现住房状况

		频率	百分比	有效百分比	累积百分比
有效	租住单位/雇主房	12407	7.3	7.3	7.3
	租住私房	114178	67.3	67.3	74.6
	政府提供廉租房	145	0.1	0.1	74.7
	政府提供公租房	358	0.2	0.2	74.9
	单位/雇主提供免费住房	14217	8.4	8.4	83.3
	已购政策性保障房	694	0.4	0.4	83.7
	已购商品房	14749	8.7	8.7	92.4
	借住房	2206	1.3	1.3	93.7
	就业场所	5022	3.0	3.0	96.7
	自建房	4718	2.8	2.8	99.4
	其他非正规居所	956	0.6	0.6	100.0
	合计	169650	100.0	100.0	

(二)不同基本特征农民工居住状况分析

首先，本章分析了性别因素对农民工住房选择的影响。其次，本章在生命周期方面研究了不同的婚姻状况、年龄和务工年数条件下农民工居住选择的差异，在经济能力方面研究了不同的教育程度条件下农民工居住选择的差异，在区位方面研究了不同的地理位置以及经济带条件下农民工居住选择的差异。

1. 不同性别的住房选择差异。

如表6—3所示，从性别上看，男性与女性住房状况主要以租住私房为主，其中女性选择租住私房的比例高于男性，租住私房女性占全部女性的68.7%，租住私房男性占全部男性的66.1%。其次，在已购买商品房、借住房、自建房方面，女性所占比例也要高于男性。女性所占比例分别为9.3%、1.4%、2.8%，男性中所占比例分别为8.2%、1.2%、2.7%。而在租住单位（雇主）房、单位（雇主）提供免费住房、就业场所与其他非正规居所方面，男性所占比例要高于女性。男性所占比例分别为7.6%、9.6%、3.2%、0.6%，女性所占比例分别为6.9%、7.0%、2.7%、0.5%。

这个差异主要是由于男女之间的生理和心理差异形成的。首先，女性对卫生和环境质量要求较高，导致在住房选择中，女性更加倾向于居住条件较好的居所；其次，女性的天性使得女性的定居意愿较强，而且在农民工群体中女性通过结婚来定居城市的可能性相对于男性更大。考虑到租住单位（雇主）房、单位（雇主）提供免费住房、就业场所与其他非正规居所的居住条件相对简陋，可以推断，整体上男性的居住状况相对较差。

表6—3　不同性别农民工居住状况交叉表

单位：%

		现住房性质											合计
		租住单位/雇主房	租住私房	政府提供廉租房	政府提供公租房	单位/雇主提供免费住房	已购政策性保障房	已购商品房	借住房	就业场所	自建房	其他非正规居所	
性格	男	7.6	66.1	0.1	0.2	9.6	0.4	8.2	1.2	3.2	2.7	0.6	100.0
	女	6.9	68.7	0.1	0.2	7.0	0.4	9.3	1.4	2.7	2.8	0.5	100.0
合计		7.3	67.3	0.1	0.2	8.4	0.4	8.7	1.3	3.0	2.8	0.6	100.0

2.不同的生命周期指标条件下农民工住房选择差异。

从婚姻情况上看（见表6—4），未婚与已婚群体在租住私房方面比例相差不大，但在租住单位（雇主）房、单位（雇主）提供免费住房、已购买商品房方面存在显著差异，未婚群体中租住单位（雇主）房（11.3%）、单位（雇主）提供免费住房（19.1%）所占比例远高于已婚群体（6.2%、5.5%），而已婚群体中购买商品房（10.1%）所占比例远高于未婚群体（3.5%）。在政府提供廉租房、政府提供公租房、已购政策性保障房、借住房、就业场所、自建房、其他非正规居所方面，未婚与已婚群体比例相差不大。

由于购买商品房比租住单位（雇主）房、单位（雇主）提供免费住房的平均条件更好，因此已婚农民工相对的居住条件更好。这种差异的形成，主要是因为已婚农民工更多地考虑到家庭的发展和繁衍，他们的定居意愿更强，更需要舒适的住所，并且他们经济实力较强，拥有更大的可能性负担购房成本。

从务工年数来看（见表6—4），外出务工5年以下（67.7%）和5—10年（67.2%）的农民工选择租住私房的比例要高于10年以上（59.5%）的农民工；随着外出务工时间的增加，租住单位（雇主）房、租住私房、单位（雇主）提供免费住房、就业场所的比例明显降低，而已购政策性保障房、已购商品房、自建房的比例明显上升；政府提供廉租房、政府提供公租房、借住房、其他非正规居所占比例很小且相差不大。这样的差异主要是由于务工年数增加，农民工储蓄水平和收入水平有所提升造成的。

从年龄段程度上看（见表6—4），不同年龄段的农民工，居住状况选择有不同的特点。随着年龄的增加，15—34岁（包括34岁）年龄的农民工选择租住私房的比例上升，而34岁以上农民工选择租住私房的比例下降，15—44岁（包括44岁）农民工选择租住单位（雇主）房的比例上升，而44岁以上农民工选择租住单位（雇主）房的比例下降；在住房选择上所有年龄段农民工主要以租住私房为主，比例均超过55%；在单位（雇主）提供免费住房方面，15—19岁中和20—24岁中农民工所占比例较大，分别为20.4%、15.2%，而24岁以上（不包含24岁）农民工平均所占比例为6.5%。此外，随着年龄不断增加，农民工选择购买商品房、工作场所和自建房的比例都不断上升。

这个结果和经济学上的生命周期消费理论比较一致。在年轻的时候，农民工的收入较低，这个阶段农民工储蓄会较少，收入主要支撑即期消费，农民工会更多地选择除了购房以外的其他的居住方式，因此在15—19岁这个年龄段，农民工住房选择中支出较少的单位（雇主）提供免费住房比例最高。而进入中年以后，收入增加、储蓄增加导致选择购买商品房、购买政策性保障房、自建房的农民工比例增加。而年老的时候，农民工收入减少，主要是由以前积累下来的财富进行消费。

表 6－4　不同的生命周期指标下农民工住房选择差异

单位：%

		现住房性质											
		租住单位/雇主房	租住私房	政府提供廉租房	政府提供公租房	单位/雇主提供免费住房	已购政策性保障房	已购商品房	借住房	就业场所	自建房	其他非正规居所	合计
婚姻情况	未婚	11.3	59.3	0.0	0.2	19.1	0.2	3.5	1.7	2.5	1.8	0.4	100.0
	已婚	6.2	69.5	0.1	0.2	5.5	0.5	10.1	1.2	3.1	3.1	0.6	100.0
年龄组	15-19 岁	11.6	55.6	0.1	0.1	20.4	0.3	4.5	1.8	2.4	2.8	0.5	100.0
	20-24 岁	9.9	63.7	0.1	0.2	15.2	0.2	4.4	1.5	2.5	1.9	0.5	100.0
	25-29 岁	6.9	70.8	0.1	0.2	7.6	0.4	7.7	1.3	2.7	1.9	0.4	100.0
	30-34 岁	6.3	70.8	0.1	0.2	5.4	0.3	10.3	1.2	2.9	2.2	0.4	100.0
	35-39 岁	6.3	69.2	0.1	0.2	5.3	0.5	10.7	1.1	3.3	2.9	0.5	100.0
	40-44 岁	6.3	67.9	0.1	0.3	5.9	0.5	10.3	1.1	3.3	3.4	0.8	100.0
	45-49 岁	6.7	65.6	0.1	0.3	6.5	0.6	10.0	1.1	3.6	4.5	1.0	100.0
	50-54 岁	6.8	62.0	0.2	0.4	7.1	0.6	11.4	1.7	2.7	6.2	1.0	100.0
	55-59 岁	7.2	56.9	0.1	0.3	7.9	1.2	12.7	2.6	3.3	6.4	1.3	100.0
务工年数	5 年以下	8.2	67.7	0.1	0.2	11.5	0.2	5.6	1.2	3.3	1.6	0.5	100.0
	5—10 年	7.0	67.2	0.2	0.2	5.1	0.6	11.4	1.1	3.2	3.4	0.7	100.0
	10 年以上	7.0	59.5	0.1	0.4	3.8	0.7	17.4	1.4	3.1	5.6	1.1	100.0
合计		7.3	67.3	0.1	0.2	8.4	0.4	8.7	1.3	3.0	2.8	0.6	100.0

3. 不同教育程度的农民工住房选择差异。

从教育程度上看(见表 6－5)，选择租住私房比例最高的是初中教育程度的农民工(69.1%)，其次是小学(67.4%)、高中(66.1%)、未上过学(65.5%)、中专(60.9%)，均超过 60%，而大学专科、大学本科、研究生教育程度的农民工选择租住私房的比例相差不大，分别为 57.3%、53.6%、59.3%。其原因主要是农民工的教育程度越高，期望薪资越高，教育程度较低的农民工更多选择更为廉价的居住方式。而高于初中教育程度的农民工，随着教育程度的提高，选择购买住房的比例上升。

伴随着农民工教育水平的提高，农民工已购商品房的比例持续上升，选择单位(雇主)提供免费住房、租住单位(雇主)房的比例也有相应增加。但高于中专程度的却随着教育程度的提高，选择这两种住房方式的农民工比例有所下降，其中选择单位（雇主）提供免费住房研究生教育程度的农民工比例下降最明显。而选择租住单位（雇主）房的大学专科、大学本科、研究生教育程度的农民工比例相差不大。随着教育程度的提高，选择政府提供廉租房、政府提供公租房、已购政策性保障房、借住房、就业场所、自建房、其他非正规居所方式的农民工所占比例相差也不大。

表 6—5　不同的教育程度下农民工住房选择差异

单位：%

		现住房性质											合计
		租住单位/雇主房	租住私房	政府提供廉租房	政府提供公租房	单位/雇主提供免费住房	已购政策性保障房	已购商品房	借住房	就业场所	自建房	其他非正规居所	
教育程度	未上过学	6.5	65.5	0.1	0.3	6.7	0.9	4.9	2.6	2.9	7.9	1.6	100.0
	小学	6.7	67.4	0.1	0.2	7.1	0.6	6.6	1.3	3.4	5.4	1.3	100.0
	初中	7.1	69.1	0.1	0.2	8.1	0.4	7.8	1.1	3.1	2.5	0.5	100.0
	高中	7.6	66.1	0.1	0.2	8.7	0.3	10.8	1.5	2.7	1.6	0.4	100.0
	中专	9.2	60.9	0.1	0.1	12.4	0.4	11.6	1.5	2.3	1.2	0.2	100.0
	大学专科	8.4	57.3	0.1	0.4	11.5	0.6	16.5	2.2	1.5	1.5	0.2	100.0
	大学本科	9.1	53.6	0.1	0.7	11.7	0.7	20.2	1.4	1.1	1.1	0.3	100.0
	研究生	7.4	59.3	0.0	0.0	7.4	0.0	20.4	1.9	1.9	1.9	0.0	100.0
合计		7.3	67.3	0.1	0.2	8.4	0.4	8.7	1.3	3.0	2.8	0.6	100.0

4.不同的区位的农民工住房选择差异。

从地区上看（见表 6—6），中部地区租住私房比例最大，所占比例为 68.5%；其次依次为西部地区、东部地区、东北部地区，所占比例依次为 65.5%、64.5%、56.5%；已购商品房比例最大的是东北部地区，第二是中部地区，第三是西部地区，最后是东部地区，所占比例分别为 25.1%、11.6%、10.2%、9.2%；单位（雇主）提供免费住房所占比例最大的是东部地区，其次是中部地区，第三位是西部地区，最后是东北地区；租住单位（雇主）房所占比例最大的也是东部地区，其次是西部地区，第三位是中部地区，最后是东北地区。

这种差异存在的原因主要是由于地区房价不同所导致的。东部地区房价和租房价较高，因此东部地区的农民工购房和自己租房的比例较低，而比较便宜的选择，例如租住单位（雇主）住房和单位（雇主）提供免费住房所占比例较大，因此我们可以判断东部地区的农民工住房条件最差。

从经济带来看（见表6－6），珠三角与长三角租住私房所占比例最大，且比例相同都为67.2％；其次是其他地区，比例为65.7％；最后是环渤海地区，所占比例为59.1％。

已购商品房所占比例最大的是环渤海地区，比例为15.8％；其次是其他地区，比例为11.3％；第三是长三角地区，比例为7.2％；最后是珠三角地区，比例为6.5％。这说明农民工在经济发达地区购房很不容易。其他地区与环渤海地区相比，经济发展相对落后，房价较低，但农民工的购房比例却低于环渤海地区。可能原因是农民工只是为了在这里赚钱谋生，尽管已有在此购房定居的能力，但定居意愿比较薄弱。

单位（雇主）提供免费住房所占比例最大的是环渤海地区，比例为11.0％；其次是珠三角地区，比例为10.9％；第三为长三角，比例为10.6％；最后为其他地区，比例相较前三个地区而言相差较大，为6.9％。租住单位（雇主）房所占比例最大的为珠三角地区，比例为10.8％；第二位为长三角，比例为9.0％；第三位为环渤海地区，比例为8.0％；最后为其他地区，比例为6.1％。单位（雇主）提供免费住房与租住单位（雇主）房这两类居住方式相比，主要的共同点在于都是由雇主提供的宿舍，而差别在于前者不需要付费，后者需要付费。

从经济带来看，各经济带地区农民工住房来源最大的都是租住私房，其次是单位（雇主）提供免费住房与租住单位（雇主）房，而农民工已购商品房所占比例相对较小，其余住房来源相比较而言更小。因此农民工平均每月支付的房租费在一定程度上反映了其住房的支付意愿、支付能力与住房负担。在环渤海地区农民工支付的平均房租费最高，远高于其他地区，为629.49元；长三角与珠三角地区农民工支付的平均房租费相差不大，分别为570.93元、567.62元；而其他地区农民工支付的平均房租费为544.84元（见表6－7）。

表 6—6　不同的区位的农民工住房选择差异

单位：%

		现住房性质											
		租住单位/雇主房	租住私房	政府提供廉租房	政府提供公租房	单位/雇主提供免费住房	已购政策性保障房	已购商品房	借住房	就业场所	自建房	其他非正规居所	合计
地区	东部地区	9.1	64.5	0.1	0.2	11.2	0.2	9.2	1.5	2.7	0.7	0.6	100.0
	中部地区	5.2	68.5	0.0	0.1	6.9	0.4	11.6	1.1	4.2	1.9	0.2	100.0
	西部地区	6.5	65.5	0.2	0.5	6.2	0.9	1.2	1.6	2.7	5.1	0.7	100.0
	东北地区	4.2	56.5	0.0	0.1	5.5	0.6	25.1	2.0	1.5	4.4	0.1	100.0
经济带	珠三角	1.8	67.2	0.0	0.0	1.9	0.0	6.5	0.7	2.4	1.0	0.3	100.0
	长三角	9.0	67.2	0.2	0.3	1.6	0.1	7.2	2.2	2.4	0.3	0.5	100.0
	环渤海	8.0	59.1	0.0	0.1	11.0	0.3	15.8	1.2	3.0	1.0	0.5	100.0
	其他	6.1	65.7	0.1	0.3	6.9	0.7	11.3	1.5	3.0	3.9	0.5	100.0
合计		7.3	67.3	0.1	0.2	8.4	0.4	8.7	1.3	3.0	2.8	0.6	100.0

表 6—7　不同经济带地区农民工月房租比较

单位：元

经济带	均值	N	标准差
珠三角	567.62	11892	777.555
长三角	570.93	33798	841.274
环渤海	629.49	32227	790.683
其他	544.84	115483	713.088
总计	564.90	193400	754.719

五、农民工购房影响因素分析

本章将着重研究农民工在务工地购房选择受哪些因素的影响。Logistic研究中的变量设置为：因变量为农民工是否在城镇购房，是一个二分变量。自变量分为四组：第一组为控制变量，即农民工的性别状况；第二组为生命周期变量，包括婚姻状况、农民工年龄、工作年数；第三组为经济能力变量，包括农民工的受教育年数、个人月收入、就业身份；第四组为地区变量。变量的相应类型和赋值说明如表 6—8 所示。

表 6—8　变量说明

<table>
<tr><td>变量类型</td><td colspan="2">变量名称</td><td>数值类型</td><td>变量说明</td></tr>
<tr><td>因变量</td><td colspan="2">是否在务工城市购房</td><td>虚拟变量</td><td>住房来源为在务工地购买商品房=1,其他=0</td></tr>
<tr><td rowspan="8">自变量</td><td>控制变量</td><td>性别</td><td>虚拟变量</td><td>女=0,男=1</td></tr>
<tr><td rowspan="3">生命周期变量</td><td>婚姻</td><td>虚拟变量</td><td>未婚=0,其他=1</td></tr>
<tr><td>年龄</td><td>连续变量</td><td></td></tr>
<tr><td>工作年数</td><td>连续变量</td><td></td></tr>
<tr><td rowspan="3">生命周期变量</td><td>个人月收入</td><td>连续变量</td><td></td></tr>
<tr><td>受教育年数</td><td>连续变量</td><td></td></tr>
<tr><td>就业身份</td><td>分类变量</td><td>雇员=1,雇主=2,其他=3</td></tr>
<tr><td colspan="2">地区</td><td>定序变量</td><td>东部=1,中部=2,西部=3,东北部=4</td></tr>
</table>

应用 SPSS 软件,结果如下。

从 logistic 回归结果可以看出(见表 6—9),所选取的自变量性别、婚姻、年龄、工作年数、个人月收入、受教育年数、就业身份、地区等对于农民工是否在城镇购房的显著性 P 值均小于 0.05,说明这些因素对于农民工是否在城镇购房有显著性影响。但对于收入水平来说,其偏回归系数为 0,也就是说收入水平对农民工在务工地城镇购房没有影响。

男性与女性相比,女性农民工在城镇购房的可能性大于男性。男性在城市购房的可能性是女性的 80%。这和我们前文描述性统计部分的研究结果是一致的:由于女性的心理和社会特征,造就其定居意愿和定居能力相对于男性更大的结果,女性购房可能性更强。

从生命周期的角度来看,随着在城镇工作年数的增加,农民工购房可能性越大;随着年龄的增加农民工在城镇购房的可能性增大。就婚姻情况而言,已婚农民工在城镇购房的可能性大于未婚农民工,已婚的农民工在城镇购房的可能性是未婚农民工的 3.89 倍。已婚农民工在城镇购房可能性更大的原因主要有三个:第一是已婚的农民工成立家庭,经济实力较强,拥有更大的可能性负担购房成本;第二是由于此类农民工大多已经适应城市生活,定居愿望比较强烈,已婚的农民工也需要独立的空间生活;第三是部分农民工是与务工地当地的居民结婚的,与当地居民结婚可以使购房的可能性大大增加,因为一般当地的居民都会有自有住房,因此他们购房的可能性较大。

从经济能力的角度看,农民工月收入的变化对他们是否在城镇买房没有影响。我们认为,这其中的原因可能是,农民工整体的收入处于比较低的水平,因此农民工的生活和生产水平较低。当农民工收入增加,农民工更多的是选择提高基本生活水平,以及将增加的收入投入生产以创造更多的收入。只有达到一定收入水平的农民工,其生活生产质量已经满足基本需求而不需要大幅增加投入,农民工才会考虑利用增长的收入购买住房。从农民工就业身份来说,与其他身份相比,作为雇员的农民工购房可能性较低;随着受教育程度的增加,农民工在务工地城镇购房的可能性越大。受教育程度和农民工职业身份都是农民工的潜在收入,代表的是农民工一生收入总量的象征,受教育程度越高、就业身份越好,农民工的一生整体收入越高,因此农民工会更倾向于在城镇购房。前面在文献综述部分我们看到,张永梅、李秉勤(2013)在研究中提到,住房选择的行业差异实际上是由于自雇以及受雇状态的不同所影响的[①],与本章研究的结论相同。

就地区而言,与东北地区相比,东部地区、中部地区、西部地区农民工购房可能性较小,其中购房可能性最小的是东部地区,其次是西部地区,最后是中部地区。其主要原因是地区经济能力和农民工收入水平共同作用的结果。第一,东部城市发展较快,虽然农民工的收入水平较高,但是地区房价高昂,阻碍了农民工在这些地区购房的选择,同时这些地方生活水平较高,除了住房以外的生活成本也较高,挤出了收入中用于购房的部分。第二,西部城市虽然房价较低,但是西部城市的农民工收入水平也较低,难以负担购房成本。因此购房的可能性低于地区经济能力和农民工收入水平比较均衡的东北和中部地区。

在文献综述部分我们提到,董昕、周卫华(2014)在他们的研究中通过使

①张永梅,李秉勤.农民工居住问题:解读漂泊状态下的特殊性[J].南京人口管理干部学院学报,2013(3):3-7,36.

用房价收入比的指标衡量了中国东部、中部、西部的农民工的房价支付能力，他们将地区分为东部、中部、西部，调查结果是西部的农民工购房可能性更大，其次是中部地区和东部地区[①]，与本章的研究结果接近。

Logistic 分析得出的结论和前文描述统计部分得出的结论相同，进一步证实本章的假设。

表 6－9　logistic 回归结果

	B	S. E.	Wald	Sig.	Exp(B)
雇员	－0.047	0.024	3.925	0.048	0.954
雇主	0.404	0.031	164.893	0.000	1.498
性别	－0.222	0.021	109.368	0.000	0.801
婚姻情况	1.355	0.042	1033.631	0.000	3.877
工作年数	0.082	0.002	1711.645	0.000	1.086
受教育年数	0.196	0.004	1917.925	0.000	1.216
年龄	0.003	0.001	5.131	0.023	1.003
东北地区			2640.038	0.000	
东部地区	－1.688	0.033	2588.060	0.000	0.185
中部地区	－1.085	0.035	934.057	0.000	0.338
西部地区	－1.284	0.033	1510.481	0.000	0.277
个人月收入	0.000	0.000	135.678	0.000	1.000

六、结论与讨论

1. 通过对文献的总结，我发现农民工主要是以租赁房屋和在单位居住为主，居住类型以城郊的平房为主；农民工主要多人合住，租住地多结构简陋、设施不全。本章研究发现，农民工居住现状主要是通过租赁住房为主，与已有文献结论相同。但是我通过本章的数据研究，发现在租赁住房之后，占比第二的居住方式是购买住房，与大部分文献结论所认为的单位居住有所不同，其原因主要是产业结构的变化带来单位住房供给的下降和国民收入水平增加造成的单位住房需求的减少。

---

①董昕，周卫华. 住房市场与农民工住房选择的区域差异[J]. 经济地理，2014(12)：140－146.

2. 生命周期变量，即婚姻、年龄、工作年数等因素，对于农民工是否在城镇购房具有显著影响。已婚的、年纪大的以及务工年份更多的农民工在流入地购买住房的可能性更大。主要是由于这些农民工经济实力比其他的农民工更强，同时他们更加适应城市生活，也习惯了城市生活，定居意愿更强。女性购房的意愿更加强烈，是由于女性定居希望更加强烈，同时她们比男性更有可能和当地人结婚获得住房。

3. 就业性质和教育程度为代表的市场能力对农民工在务工地城镇购房的影响非常显著。雇主由于其经济实力雄厚，在城镇购买住房的可能性更大。教育程度高的农民工，人力资源投入高，相应的工作起点和收入起点就高，比其他类型农民工拥有更大的购房可能性。但是与平常人的观点不同的是，我认为，农民工收入越高，购房的可能性却不是越大，收入的增加对购房的影响不是很明显。这主要是由于农民工整体的收入水平较低，更多的收入用在了日常生活和工作之上。只有达到一定收入水平的农民工，才可能将增加的收入用来购买住房。

4. 地区因素作为一个客观条件对农民工的购房影响也非常显著。通过本章的分析，我发现在东北部地区的农民工比别的地区更有可能购买住房，其次是西部地区、东部地区的农民工最没有可能在城市购买住房，其主要原因是地区经济能力和农民工收入水平共同作用的结果。

5. 政策建议。通过本章的研究，我认为，政府对于农民工的住房保障应该分类处理。首先，对新生代、未婚、务工年龄短的农民工聚集的行业，政府应该加强公租房和廉租房的建设，以减轻此类农民工的住房成本。而对于老一代、已婚、务工年数长的农民工聚集的行业，政府应该加强住房公积金的推广和政策型保障房的建设，以增加此类农民工定居城市的能力。其次，对于教育程度低的农民工和单位雇员，应该加强政府公租房和廉租房的建设，而对于教育程度高的农民工和自营业主，可以加强住房公积金的推广和保障性住房的建设。最后，分地区来看，经济发达地区应该更多的促进公租房和廉租房的建设，而经济落后地区政府应该通过建设保障性住房和住房公积金的推广来减轻农民工的负担。

/第七章/

农民工健康状态的实证分析

健康问题与农民工就业状况密不可分，同时又受到农民工社会保障状况的影响。该群体的健康状况关系到农民工自身的生活幸福、国民经济的稳定发展、宏观政策的有力实施。本章根据2013年国家卫计委《中国流动人口调查》数据，从农民工健康状况的影响因素、农民工群体的就医选择、农民工群体的医疗保障情况三个方面描述分析了现今全国农民工大体的健康状况。分析发现：农民工的健康状况受到自然因素和社会因素的共同作用；农民工的就医选择一方面受农民工主观个人偏好、医疗意识的影响，另一方面受到农民工客观的收入条件、医疗环境、医疗资源的约束；农民工的参保率和居民医疗档案建立率都偏低，还尚待普及。

一、农民工健康状况的重要性分析

农民工群体大多从事于工作强度大、工作环境差的行业。因此，农民工群体的健康问题不容乐观。此外，农民工群体相似的社会特征和频繁的内群体往来，使得他们在对待医疗和健康问题的态度和行动方式显现出特有的、一致的行动偏好。农民工群体作为一个庞大的，在国民经济中起到重要作用的社会群体，其自身拥有的社会阶层特点、经济结构上的地位，使得他们在自身健康问题上也显现出特有的健康状况特点、行动选择、医疗偏好。

因此，我们选择关注农民工的健康问题，原因主要有以下几点。

第一，农民工的健康状况与其自身获取劳动收入具有高度的相关性。农民工进入城市工作，无疑是希望获取更多的收入，收入虽然不能完全代表生活的幸福程度，但在城市之中，收入的多寡是与生活质量息息相关的，不同收入的人群所能享受到的公共服务也是有所差别的。保持稳定、适当的收入无疑是维持个人生活质量、保持家庭幸福、规划人生前景的基础。同时，对于劳动者来说，人力资本能影响其收入获得的多少，健康则是其人力资本的重要组成部分[①]，健康的状态不仅能够提高人们的劳动生产效率，而且可以减少生病时间，增加劳动供给时间，从而增强人们的收入获取能力[②]。了解影响农民工群体健康状况的社会因素，可以有助于针对性地保障农民工群体的健康水平，从而提高农民工的经济收入，减缓农村贫困问题。

第二，农民工群体的健康水平关系到中国经济持续、稳定的发展。农民工在自身获取劳动收入的同时，作为城市经济的组成部分，无论是在生产建设、消费方面，还是税收、城市建设费用方面，都为经济的发展提供了动力与活力。

第三，关注农民工群体的健康问题关系到社会稳定。农民工，尤其是新生代农民工，普遍处于"农民"与"市民"身份认同的夹缝之中，他们对于城市和乡村两个社会都缺乏归属感，内心有一种被社会排斥的感觉。这种强烈的身份认同容易在这个群体中形成政治共识，可能是未来中国社会稳定的巨大隐患。因此，当前中国的农民工问题，已经不单单是政府有关部门帮助追讨工资、加强安全保护这些单纯的政策性措施能够解决的[③]。所以我认为应该从多个方面去全面关注农民工群体，了解他们的切身利益、生活问题、保障制度缺陷。于是，我选择了与农民工息息相关的健康问题作为首要的研究切入点。

第四，关注农民工的健康状况，是对"以人为本"为核心的科学发展观的

---

①苑会娜. 进城农民工的健康与收入——来自北京市农民工调查的证据[J]. 管理世界，2009(5).

②秦立建，秦雪征，蒋中一. 健康对农民工外出务工劳动供给时间的影响[J]. 中国农村经济，2012(8).

③于建嵘. 新生代农民工的社会诉求与社会稳定研究[J]. 学习与探索，2014(11).

实践。国务院办公厅于2015年8月发布的全面实施城乡居民大病保险的意见，强调了“坚持以人为本，保障大病，切实避免人民群众因病致贫、因病返贫”的思想。农民工大都从事体力劳动繁重、职业层次较低、劳动环境相对恶劣的工作。农民工的职业分布特点使得农民工较易受到意外、急性病、职业病的侵扰，而且现有的社会保障体系还无法保证农民工群体与城镇居民平等享受医疗、养老等基本公共服务[①]，非常有可能遭遇到“因病致贫、因病返贫”的情况。农民工的健康问题，可以算作农民工最关心、最现实的民生问题。关注农民工的健康状况，可以有助于实现改革发展成果的城乡共享。

综上所述，我认为有必要大致了解“十二五”末全国农民工的健康状态，探索农民工健康状况的影响因素、农民工群体的就医选择、农民工群体的医疗保障情况。

在国内学界以往关于此类问题的研究中，有学者从社会医学的角度来研究城市外来农民工的健康状况及影响因素，如叶旭军在2003年就尝试使用SF－36量表、NHP量表来评价城市外来农民工的健康状况，并在量表分析的基础上了解外来农民工的生存状态，探索影响城市外来农民工健康状况的社会人口学因素（叶旭军，2003）。

大多数学者则是从人口经济学、人口社会学的角度出发来进行研究，如苑会娜通过对北京市城八区的农民工的调查，发现了农民工健康与收入之间的循环作用机制，并说明社会经济地位、在京生活情况、心理健康程度、社会保障状况都会影响农民工健康状况（苑会娜，2009）。金成武结合2006年农民工健康及社会经济状况调查问卷数据，分析了影响农民工健康状况的因素，发现地区、每工作日工作时间、每月工作日数和工作环境是与农民工健康状况有密切关系的因素，每工作日工作时间越长、每月工作日数越多、工作环境越恶劣，农民工的健康状况就会越差（金成武，2009）。黄乾通过五城市农民工调查数据进行实证研究，发现教育和社会资本都对健康有显著的正影响（黄乾，2010）。罗竖元通过对湖南省481名新生代农民工的实证研

①国务院办公厅.国务院办公厅关于印发全国医疗卫生服务体系规划纲要（2015—2020年）的通知[Z].国办发[2015]14号.

究发现，流动经历对新生代农民工的生理健康有显著影响。其中流动月收入、工作条件与新生代农民工的生理健康之间呈较强的正相关，而发展前途与新生代农民工的生理健康之间呈较强的负相关（罗竖元，2013）。李珍珍、陈琳利用 2008 年 6—7 月对江苏和浙江农民工的调查数据，对影响农民工健康状况的因素进行了研究，得出家庭负担系数越大、日工作时间越长的农民工健康状况越差的结论（李珍珍，陈琳，2010）。和红、任迪利用“2010 年中国青年流动人口健康意识调查”的数据，对新生代农民工的健康融入状况进行了描述性分析，研究了性别、流动时间、睡眠时间、父母健康状况等因素对新生代农民工健康的影响（和红，任迪，2014）。

本章则试图通过对 2013 年国家卫计委《中国流动人口调查》中农民工的样本数据进行整理分析，探索现今农民工群体健康水平的大体状况，试图寻找影响农民工健康状态的自然和社会因素，以及描述农民工群体在就医、医疗保障上的行动选择，农民工医疗保障的现状，并在此基础上提出相对应的政策建议。

二、样本特征分析与描述

本章所使用的数据样本来源于 2013 年国家卫计委《中国流动人口调查》，问卷中衡量健康状态的指标为“最近一年是否患病或身体不适”。在回归分析中，本章将“最近一年是否患病或身体不适”作为农民工健康与否的代理变量。

本章从以下三个方面对样本数据进行整理描述：(1)不同特征下农民工健康状况的不同，及各种自然和社会因素对农民工健康状态的影响情况；(2)农民工生病以后的就医选择、就诊情况、就诊报销情况；(3)农民工的职工医疗保险、居民健康档案建立等社会医疗保障情况。

（一）自然因素和社会因素对农民工群体健康水平的影响

农民工的健康状况随着性别、年龄、婚姻状况、职业、受教育水平、就业单位所属行业、月收入、每周工作时间有所差别。不同因素对健康的影响互有交叉，自然因素与社会因素之间具有很强的互生性，不能孤立地研究各因素对农民工群体的健康水平的作用。所以在本研究中我们并未将之强制分离开来，而是在分析中对各因素的作用以及因素之间的互生的关系予以一一说明。

1. 性别。

不同性别农民工的健康状况有所不同。样本中，男性为 91130 人，女性为 78520 人。虽然女性人数少于男性，但是根据指标所测算的不健康人数却多于男性，女性不健康比例为 11.24%，高于男性 2.2 个百分点(见表 7—1)。这一方面是与男女之间体质的差异有关，另一方面则是跟不同性别在社会职业分工中的不同分布有关。不同的职业会有感染不同疾病的概率，工作环境不同，职业分工所带来的显著的健康水平差异就会通过不同性别群体的健康水平展示出来。例如保安、运输行业男性占比超过 90%，装修、建筑行业则超过 80%；而保洁、家政职业则偏好于招收女性，女性占比分别高达 77%和 85%。

虽然职业差别能解释掉一部分不同性别健康度的差异，但是却无法否定男女体质上差异所带来的健康度的不同，例如在经商、餐饮、生产等职业中，不同性别的健康度就有明显的不同。

2. 年龄。

由样本数据可知，从年龄上分析，15—19 岁、19—24 岁的农民工健康度最高，并且从 19 岁至 34 岁，健康度逐渐呈现递减态势，但仍然处于 90%水平以上，不健康比例低于样本总均值 9.99%。从 35 岁开始，农民工健康度明显随年龄增大而逐渐降低，并低于 90%(见表 7—1)。这是由于 35 岁以后的人按照身体的自然属性开始走入健康的下坡阶段，同时也由于精力下降、职业压力变大等因素导致身体素质的下降，不再能够胜任年轻时所从事的工作任务，引发身体的疲劳，从而健康状况变差(见表 7—1)。

表 7－1　农民工性别、年龄、婚姻与健康状况

单位：%

		健康情况		Total
		不健康	健康	
被访者性别	男	9	91	100
	女	11	89	100
Total		10	90	100
		健康情况		Total
		不健康	健康	
婚姻情况	未婚	7	93	100
	已婚	11	89	100
Total		10	90	100
		健康情况		Total
		不健康	健康	
年龄组	15－19 岁	7	93	100
	20－24 岁	8	92	100
	25－29 岁	9	91	100
	30－34 岁	10	90	100
	35－39 岁	11	89	100
	40－44 岁	12	88	100
	45－49 岁	13	87	100
	50－54 岁	14	86	100
	55－59 岁	17	83	100
Total		10	90	100

3. 婚姻状况。

样本数据中，未婚者健康状况最好，不健康比率只有 7.47%，而已婚者的不健康比例则高于未婚者，为 10.58%（见表 7－1）。这种情况，一方面是由于已婚者家庭负担和生活压力都相对较大，从而导致健康状况下降；另一方面由于农民工进城务工时还处于青年时期，身体素质较好且未婚。根据样本数据，农民工群体 29 岁以下的未婚人数，占未婚总人数的 90%以上，年轻带来的身体健康优势也通过未婚这一社会特征体现了出来。

4. 职业。

从样本数据来看，农民工的职业分布与以往研究中所描述的多居于建筑、加工制造和服务等行业相一致[①]，但也并非与有的研究中所认为的主要从事体力劳动繁重、职业层次较低、劳动环境相对恶劣的工作完全相符[②]。样本中有接近 20%的受访者是以经商为生，有 11.63%的受访者从事餐饮行业，有 15.95%的受访者从事其他商业、服务业。这三类职业的从业人数占比大，占到了总样本量的 47.42%，其健康水平尚且良好，职业内的不健康比例均小于总体的平均值 9.70%，分别为 8.69%、8.91%、8.64%。

样本中国家机关、党群组织、企事业单位负责人的不健康比例最低，只有 5.60%。这可能与其所在单位较为重视领导岗位人员的身体健康，能定期提供医疗保健、体检等服务有关。从事家政、保洁工作的受访者不健康比例最高，分别为 12.47%和 13.89%。这一方面可能是与此职业工作负担重、每周工作时间较长有关，另一方面也与从事该职业的人员年龄较大，且女性从业人数较多有关。从事保洁工作的受访者中，35 岁以上的女性占了整个行业调查样本的 57.33%，35 岁以上男性占整个职业调查样本的 18.15%（见表 7—2）。

我们还发现了从事生产职业的受访者，不健康比例很高，达到了 12.14%，超过平均值的 9.70%，仅次于家政、保洁。但是我们认为，生产工作中的不健康问题的严重性却远超过家政、保洁职业。

首先，家政、保洁职业中虽然不健康比例较大，但是由于从业人员较少，人数行业占比仅为 0.53%和 1.40%，不健康状况的绝对人数较少。但从事生产的人数占比已经达到了 15.19%，职业人数较多，且不健康比例较大，这无疑是需要引起我们重视的。第二，家政、保洁从业人群中的不健康状态，有一部分是受自身性别、年龄这些自然因素影响而造成的。但是我们通过对从事生产劳动的受访者进行年龄分析发现，从事生产受访者有 62.93%的在 35 岁以下。从人的自然成长规律来看，35 岁以前正是身体素质上升、逐渐稳定的时期，在生产的职业群体中出现如此高的不健康比例，必然是与其特殊的职业运作模式有关。我猜测这是由于工厂等生产劳动场所健康保障硬件设施较差，工人工作时间长、工作压力大、加班时间多、娱乐方式单一，工厂管理体制僵化，有的甚至采用军事化管理的模式，并且群体内部缺乏心

[①] 王欣，孔荣，王雷. 基于弱势群体概念模型的我国农民工健康问题研究[J]. 西北农林科技大学学报（社会科学版），2014(5).

[②] 秦立建，秦雪征，蒋中一. 健康对农民工外出务工劳动供给时间的影响[J]. 中国农村经济，2012(8).

理疏导，工人缺少休息时间、对身体疲劳不够重视等多因素造成的。

随着中国"人口红利"的逐渐消失，新生代的农民工在未来中国社会的发展中将越来越承担起重要的作用，他们的健康问题将影响到中国未来几十年产业工人的素养、劳动力储备，也将会同时影响到中国经济增长的速度，以及城乡居民生活质量的提高。生产职业的低健康水平需要引起政府和社会的关注。

表 7—2　农民工的职业与健康状况

单位：%

		健康情况		Total
		不健康	健康	
主要职业	国家机关、党群组织、企事业单位负责人	6	94	100
	专业技术人员	10	90	100
	公务员、办事人员和有关人员	10	90	100
	经商	9	91	100
	商贩	10	90	100
	餐饮	9	91	100
	家政	12	88	100
	保洁	14	86	100
	保安	10	90	100
	装修	9	91	100
	其他商业、服务业人员	9	91	100
	农、林、牧、渔、水利业生产人员	10	90	100
	生产	12	88	100
	运输	9	91	100
	建筑	10	90	100
	其他生产、运输设备操作人员及有关人员	10	90	100
	无固定职业	9	91	100
	其他	11	89	100
Total		10	90	100

5.受教育水平。

从样本看来(见表7—3),农民工的健康水平随着受教育水平的提高有一个明显提高的趋势。健康水平最高的为研究生学历,其次为本科学历,两者的受访者不健康率分别只有7.41%和8.23%。而未上过学和只上过小学的农民工健康水平就明显低于其他学历群体的健康水平,受访者不健康比率分别高达15.28%和12.93%。这种情况与一些学者研究的情况相一致。大部分农民工由于受教育程度低而只能从事脏、苦、累、险的工种和生产性工作。一方面,这些工种和生产性工作加速其健康折旧,导致农民工健康状况变差;另一方面,这些工种和生产性工作的收入普遍较低,影响到农民工的健康投资,从而使其健康水平降低[①]。

此外,我们还从样本中发现,受过综合类知识教育的学生会比技术类学校毕业的学生健康水平高。高中学历、本科学历的受访者不健康率8.85%、8.23%,分别低于中专学历和大学专科学历的9.41%、9.27%(见表7—3)。于是我们猜想,高学历和综合性的学校教育会使农民工接受更多的健康保健方面的知识,增强健康保健的意识,不仅使得他们更注重自身健康状况的保护,增加对自己健康的投资,而且让他们可以选择更加科学的方法进行娱乐、运动,较好地处理疲劳、小疾病等问题,使其很难向恶性病、慢性疾病转化,从而保持身体的免疫活力,维持健康状态。

表7—3 农民工受教育水平与健康状态

被访者教育程度	最近一年是否患病或身体不适			
	是,最近一次发生在两周内	是,最近一次发生在两周前	否	不健康比例
	计数	计数	计数	百分比
未上过学	176	309	2689	15.28
小学	1006	2245	21900	12.93
初中	2604	6836	90010	9.49
高中	563	1622	22516	8.85
中专	218	602	7896	9.41

①黄乾.教育与社会资本对城市农民工健康的影响研究[J].人口与经济,2010(2).

被访者教育程度	最近一年是否患病或身体不适			
	是,最近一次发生在两周内	是,最近一次发生在两周前	否	不健康比例
	计数	计数	计数	百分比
大学专科	167	431	5850	9.27
大学本科	39	122	1795	8.23
研究生	2	2	50	7.41
总计	4775	12169	152706	9.99

6.行业。

从数据样本上来看(见表7—4),不同行业的农民工健康率略有不同,但不健康比例差别并不大。个别行业从业人员健康水平较高,如金融、房地产、科研和技术服务这种对专业技术要求较高的行业,不健康比例最低,分别只有7.94%和8.48%。这是因为其劳动量不大、劳动时间不长,员工能享受到更好休息,从而较易保持健康状态。

值得关注的是,制造业的农民工受访者不健康比例最高,为11.88%,且农民工从事制造业人数较多。这与前文中从事生产职业的农民工健康水平较低形成了相互的印证:制造业行业的某些特有的行业特征真实地影响了从事本行业的农民工的健康状态。这需要引起政府与社会的重视。

健康度与行业平均工资之间并没有发现比较明显的相关性。

表7—4 农民工从事行业与健康状况

单位:%

		健康情况		Total
		不健康	健康	
就业单位所属行业	制造业	12	88	100
	采掘业	9	91	100
	农林牧渔	10	90	100
	建筑	10	90	100
	电煤水生产供应	10	90	100
	批发零售	9	91	100
	住宿餐饮	9	91	100

		健康情况		Total
		不健康	健康	
就业单位所属行业	社会服务	9	91	100
	金融/保险/房地产	8	92	100
	交通运输、仓储通信	9	91	100
	卫生、体育和社会福利	10	90	100
	教育、文化及广播电影电视	12	88	100
	科研和技术服务	8	92	100
	党政机关和社会团体	10	90	100
	其他	9	91	100
Total		10	90	100

7. 月收入。

从样本数据(见表 7—5)来看,农民工的健康状态随着农民工月收入的增加有一个明显上升的趋势。月收入 1500 元(含)以下的农民工健康状况最差,不健康比例达到 11.60%,月收入 1500 至 2500 元次之,不健康比例为 10.05%,两者均大于有收入的农民工整体的不健康比例的均值 9.76%。收入最高的农民工群体的健康状态最好,不健康比例只有 8%。

农民工收入的提升可以促使农民工享受到更加干净的生活环境、养成卫生的生活习惯,并增加其在维持健康上的投资。2500 元以下的农民工群体健康水平呈现明显的较差状态,这一方面是与低收入行业脏、苦、累、险的工作环境特点有关,另一方面也与低收入所带来的脏乱差的居住环境、饮食、恶劣的卫生条件有关。

我还发现农民工中的低收入群体参加城镇职工医保的比例远低于高收入人群,只有 6.2%,不到总体均值 12.92%的一半。低收入农民工经济实力较差,对于疾病的侵袭,很有可能选择"硬撑"而不选择去医院,这很有可能导致他们所遭遇到的小病发展成大病。另外,医疗保障的缺失又进一步加重了他们的医疗负担,甚至药品对他们来说可能就被当成"奢侈品"来看待,"看病难、看病贵"的问题在他们中显得更加残酷。公共医疗保障的缺失,将他们隔离在城镇公共医疗服务之外,更加剧其群体健康水平的日益恶化。

表 7—5　农民工月收入与健康状况

单位：%

		健康情况		Total
		不健康	健康	
个人月收入（已离散化）	0—500	11	89	100
	500—1500	12	88	100
	1500—2500	10	90	100
	2500—3500	9	91	100
	3500—4500	9	91	100
	4500—5500	9	91	100
	5500—6500	9	91	100
	6500—7500	9	91	100
	7500—8500	8	92	100
	8500—9500	8	92	100
	9500—10500	9	91	100
	10500—11500	8	92	100
	11500—12500	7	93	100
	12500—13500	6	94	100
	13500—14500	14	86	100
	14500—15500	9	91	100
	15500—16500		100	100
	16500—17500	6	94	100
	17500—18500	5	95	100
	18500—19500		100	100
	19500—20500	8	92	100
	20500—21500	13	88	100
	21500 22500	9	91	100
	22500—23500	11	89	100
	23500—24500		100	100
	24500—25500	12	88	100
	25500—26500		100	100

		健康情况		Total
		不健康	健康	
个人月收入（已离散化）	26500－27500	11	89	100
	27500－28500	9	91	100
	28500－29500	50	50	100
	30500－31500	11	89	100
	31500－32500		100	100
	32500－33500		100	100
	33500－34500		100	100
	34500－35500		100	100
	35500－36500	20	80	100
	36500－37500		100	100
	37500－38500		100	100
Total		10	90	100

8.每周工作时长。

从数据样本来看，农民工每周工作时长在40小时以内的健康状态并非最好，其不健康比例为10.55%。工作时长在40小时到70小时之间的，不健康比例均低于10%。当周工作时间超过70小时，农民工的健康状态明显下降，周工作时长在84小时以上的农民工群体的不健康比例高达13.21%。

我发现：第一，过长的每周工作时间将对农民工的健康状态造成较大的伤害。第二，每周工作超过5天，每天工作超过8小时的农民工不在少数，但是他们的健康状况与具体超过周标准时长多少并没有太多相关性，即与加班时长没有太多相关性。我们猜测可能是现行的工作加班体制下，农民工已经将加班作为工作的“常态”来看待，略微超过标准工作时长的加班被看作是“合理”的工作状态。工作时长的增加也意味着工资的增加，增加的收入可能影响到农民工所能享有的其他生活待遇，综合衡量下，加班对他们健康状态影响不大。第三，由于农民工“正常”的（算上加班时长的）工作时长远高于8乘以5的40小时的标准的工作时长，我可以猜测，在每周工作不足40小时的农民工中，有一部分的农民工所从事的是非固定、不稳定的工作，有可能是一些小时工、钟点工、临时工或兼职之类的工作。这些工作往往收入低、工作条件差，不提供社会保障，农民工不愿意去医院接受昂贵的自费医疗服务，从而导致了从业农民工群体较差的健康状态。我将在今后的研究中继续探索这一猜想。

另外，需要说明的是，本章中，每周工作时长的分层标准，并没有采用国家劳动法规定的每周44小时的工作时间。这是由于我所计算出的每周工作时长，是用每周工作天数乘上每天平均工作时间来计算，出于统计意义的考虑，我选择使用8×5=40小时作为周工作时长的分层标准。

(二)农民工群体的就医选择

老百姓有谚语："人吃五谷杂粮，哪有不生病的！"持续的健康状态总是难以长时间保持。当身体遭遇疾病或意外时，农民工的就医选择，一方面受其主观个人偏好、医疗意识的影响，另一方面受到其客观的收入条件、医疗环境、医疗资源的约束的影响。考察农民工群体特征和就医选择之间的关系，可以有助于我们了解到政策上应该如何有针对性地保障农民工的健康水平。

1. 农民工群体选择就诊医疗机构。

我将对农民工群体选择就诊医疗机构的整体分布情况进行综合描述，分别从性别、年龄组、在流入地是否参加城镇职工医保、就业身份、受教育程度、月工资五个因素来分类描述农民工群体对就诊医疗机构的选择情况，尝试从中发现农民工选择就诊医院时的行动偏好和制约农民工选择就诊医疗机构的条件因素。

农民工受访者中大多偏向于在流入地综合、专科医院就诊，就诊比例分别占到了全部就诊机构的27.76%和25.98%。前者的优势在于其医疗水平的权威性，能够让农民工更加放心就医；后者的优势体现在其比较方便，不会耽搁太多的时间。较之需要提前预约、长时间排队挂号、医药费昂贵的大医院，对于一些小病，农民工可能更加倾向于向药店医师问诊，然后购买药物。一些农民工甚至自行在药店购买药物。

不少农民工在疾病并不严重的时候，会选择去本地社区卫生站和流入地个体诊所就医。二者的医疗水平、医疗效果差别并不大。将医疗看成是一项需要购买的服务的话，对于农民工来说，二者是"相互替代"的关系。但是享有医疗保险的农民工可以在社区卫生站享受到较低的医疗费用，使得社区卫生站在面对农民工选择的时候具有“价格优势”。

由样本数据看，选择去流入地社区卫生站和流入地个体诊所的比例相差并不大，分别为19.16%和18.89%(见表7—6)。由此可以推测出，大部分的农民工没有流入地职工医疗保险，他们无法享受到社区卫生站所带来的“价格优惠”，所以在两者间做选择的时候，并没有特别偏向流入地社区卫生站，这从两者间非常接近的就医比例上体现出来。事实上，农民工的数据样本中，仅有19646人参加了城镇职工医保，占农民工总人数11.6%。

表7—6　农民工就医机构选择的频率、百分比分布

最近一次患病去何种医疗机构看病		
医疗机构	频率	百分比
流入地社区卫生站	3247	19.16
流入地个体诊所	3201	18.89
流入地综合/专科医院	4703	27.76
流入地药店	4402	25.98
在老家治疗	365	2.15
流入地和老家以外的其他地方	250	1.48
哪也没去，没治疗	776	4.58
合计	16944	100.00

接下来，我们将分别从自然因素(性别、年龄)和社会因素(参加医保情况、就业身份、受教育程度、月工资)出发，分别分析农民工群体的就诊选择情况。

(1)性别。

农民工群体中，男性和女性农民工对于各种医疗机构的选择上差别不大，选择去流入地社区卫生站、流入地个体诊所等医疗机构的比例十分接近。但是，去流入地药店的男性农民工占比为27.8%，高于女性的24.31%；到流入地综合(专科)医院就诊的占比，男性为25.92%，低于女性的29.44%。结合上文中农民工中男女群体的健康状况差异，我推测：第一，这是由于男女身体状况差异造成的。男性具有身体上的优势，群体上的健康水平略高于女性，且患病后较容易痊愈；而女性身体素质较差，患病症状较为严重。第二，男女群体之间就医意识有所不同。女性更加看重就诊医院的权威性，比如选择最为权威的综合(或专科)医院和较为权威的社区卫生站；而男性可能就医意识相对薄弱，多会选择较为方便的流入地药店和个体诊所。

(2)年龄。

由上文知，年龄越小的农民工越拥有更好的体制优势，这在一定程度上影响了不同年龄的农民工选择就医机构的情况。15－19岁、20－24岁的新生代农民工明显偏好流入地药店，就医比例分别为31.97%和30.08%，远高于其他年龄组的农民工；而对本地综合(专科)医院的选择，则远低于其他年龄组的农民工，只有17.4%和20.81%。这种情况的出现，一方面是由于年轻人体质较好，即使患病也不太严重，仅仅在药店就医就可以解决，甚至不需要就医也可以硬撑过去。另一方面，也与年轻人就医意识有关。在自身身体素质较好的情况下，他们可能更喜欢选择简单、方便的流入地药店来应付疾病或硬撑，而不愿意或不曾想过去大医院问诊。从样本数据上来看，这两个点也从新生代农民工群体中选择不治疗的比例远高于其他年龄组中体现出来。此外，随着年龄的增大，去往综合、专科医院治疗的比例随年龄组的增大而增加；这可能是跟严重疾病的发病率随年龄的增长而增加有关。农民工面临严重疾病不得不选择去大医院问诊，而有些无法承担其医疗费用的则可能选择回老家治疗。这也体现在样本数据之中，50岁以后选择在老家治疗的农民工比例明显上升。

(3)流入地参保。

农民工的流入地参保情况明显影响了农民工的就医选择。参加了流入地医保的农民工倾向于在流入地社区卫生站和流入地综合(专科)医院就医，比例分别达到了25.23%和35.13%，远高于未参保农民工群体的18.07%和26.62%；而在无法享受医疗报销的个体诊所的就诊比例只有10%。原因是参保大幅度地降低了就诊者在社保合作医院看病所需的医疗花销。同时看到，未参加城镇职工医疗保险的农民工的就诊机构选择比例分布与农民工整体的选择比例分布较为相似，这是由于整体中未参加医保的农民工占了整体大多数(86.8%)的缘故。

(4)就业身份。

农民工群体的就业身份会影响农民工就医机构的选择。雇员中有21.86%的人选择去社区卫生站就医,这一比例小于雇主的16.44%。雇主选择去个人诊所、综合(专科)医院的比例均高于雇员。而且雇主中选择不治疗的比例为整体中最低,仅有3.49%。我们认为,雇主的医保参保率4.15%远远低于雇员参保率20.97%,雇主选择社区卫生站的偏好弱于雇员,但同时更强的经济实力使得他们可以选择医疗条件、医疗服务较好的私人诊所、大医院;而且由较低的不就诊比例可以看出,雇主相比雇员更加重视自身的健康,具有更强的健康意识。

(5)受教育程度。

农民工群体的受教育水平会影响农民工的就医选择。受教育水平最低的农民工群体,未上过学、小学学历的,有较大的比例选择去综合(专科)医院就诊,比例高于初中、高中、中专学历。我推测是因为低学历农民工群体缺乏对医疗知识、医疗机构的了解,这一方面使得他们不了解除大医院、“正规医院”以外的医疗机构的信息,另一方面使得他们对大医院这种医疗权威机构有更强的信任感。此外,我还发现学历较高的农民工人群体中选择去大医院的比例也较多。我认为,高学历农民工往往享有更高收入,高收入给他们去大医院就诊创造了经济基础;另外,出于对大医院医疗服务较好的认识,他们选择大医院也希望能够较快地治好疾病,从而减少因生病耽搁工作而带来的“机会成本”。最后,我发现未上过学的农民工群体中选择在老家治疗、去流入地和老家以外的其他地方就医或者不治疗的比例均略高,分别为3.71%、3.71%和5.15%。我认为出现这种情况的原因是:第一,未上过学的农民工中有58.7%的比例在40岁以上,大龄带来的恶性疾病发病率上升,使得患病者不得不选择去医疗条件更好的城市寻求医治。这与年龄组中50—54岁组农民工群体选择去流入地和老家以外的其他地方就医的较高比例相一致。第二,可能是低学历所带来的低收入使得农民工不得不选择放弃治疗或者回到老家治疗。

(6)月收入。

农民工的月收入情况会影响到农民工的就医选择。我发现最低收入和最高收入的农民工群体选择流入地社区卫生服务站的比例均较少。我推测这是由于最低收入的农民工较低比例的参保率(城镇职工医疗保险)造成的,这影响了他们在流入地社区卫生服务站与个体私人诊所之间的选择;而最高收入的农民工群体可能由于就业身份,例如雇主、私人企业主等,参保率也较低,在有足够经济实力的情况下,也不会选择到流入地社区服务站就医。此外,最低收入的农民工选择不治疗的比例也略高于其他收入群组,这是值得我们关注的一个地方。

2.农民工群体患病就诊情况。

我接着对农民工群体的患病就诊情况,按照性别、年龄进行分析后发现:第一,男性的急诊、住院比例略高于女性。第二,随着年龄的增大,门诊比例逐渐减小,急诊比例变化平缓,但住院比例有明显增加的趋势。我推测这是因为随着年龄的增长,重度疾病的发病率会增加,住院率也随之增加。第三,雇员的住院率较低,这是因雇员难以承担因请假造成的时间和经济成本,不能像其他组的农民工一样有较自由的请假时间和条件。第四,受教育程度最低的三组人群的住院率明显高于其他组,且随学历增长呈下降的趋势,最高的未上过学的农民工组的比例高达14.25%。除去三组以后的各组,门诊、急诊、住院比例差别并不明显。这是由于低学历人群多为年龄较大的农民工,重症发病率随年龄增加体现在了学历差别之上。收入最少的农民工群体住院率较高,我推测这是因为收入最少的农民工普遍年龄较大,发病率随年龄增加体现在了收入的差别上;收入最高的农民工群体住院率较高,主要原因在于收入较高的农民工群体拥有较好的经济条件和较高的健康意识。

(三)农民工群体的医疗保障情况

在以往关于农民工健康的研究中,农民工的社会、医疗保障问题受到学者们的关注。农民工群体被认为是弱势群体,具有社会地位低、劳动强度大、工作时间长、经济收入低、社会保障缺乏、劳动保护条件差等特点。他们被认为是城市的边缘人群,合法权益往往得不到有效的保障。大部分农民工缺乏基本的医疗卫生服务和社会保障(黄乾,2010;叶旭军,2013;王欣,孔荣，王雷，2014）。我将借助样本对目前中国农民工的健康医疗保障情况进行简单的描述，既对前人的结论进行验证，也为农民工医疗保障方面的政策提供参考意见。

1.农民工参加流入地职工医疗保险、老家新农村医疗现状。

从样本数据来看，农民工在流入地参加城镇职工医保的比例非常小，只有11.6%；在老家参加新农村合作医疗的情况较好，比例为75.6%（见表7—7）。城镇医保的参保率能反映农民工享受到城市公共医疗服务的程度，而对是否参加城镇医保的情况不清楚则体现了农民工对于城市社会保障相关知识、政策、信息以及享受城市医疗保障服务意识的缺乏。

表7—7　农民工参加流入地城镇职工医疗保险、老家参加新农村合作医疗的情况

在流入地是否参加城镇职工医保			在老家是否参加新农合		
	频率	百分比		频率	百分比
有	19646	11.6	有	128327	75.6
无	147309	86.8	无	36452	21.5
不清楚	2695	1.6	不清楚	4871	2.9
合计	169650	100.0	合计	169650	100.0

通过对样本数据的分类汇总，我发现以下特征：第一，不同性别的农民工参保比例大致相当，在参保方面并不存在男女性别的不平等情况。第二，最低年龄组和较高年龄组的参保率较低。同时由于这两组人群的收入普遍较低、受教育水平较低，参保率低的情况也体现在了最低收入农民工群体和低学历群体中。第三，是雇员的参保率普遍高于雇主、自营劳动者、家庭帮工。由于雇主的收入较高，雇主的低参保率也影响了最高收入农民工群体的低参保率。第四，是低年龄阶层的农民工群体对是否参加了城镇职工医疗保险和是否参加了新农村合作医疗不清楚的比例较高。这说明了新生代农民工对参与社会保障的意识不强烈，对相关的社保政策、知识、信息均不了解，没有认识到参加医疗保障的重要性。这需要引起我们的重视。

2.农民工看病报销情况、居民健康档案建立情况。

由样本数据可以看出，农民工群体的看病报销比例不高，仅有21.93%。

这与农民工群体的低参保率有关。其主要报销途径为新型农村合作医疗办公室报销，比例为7.95%。这说明农民工仍未享受到城镇医疗保障福利。其次为在医院看病时当场减免，约为6.99%。由城镇职工医疗保险中心报销的比例，约为4.2%。

农民工群体居民健康档案情况还不理想。已经建立健康档案的农民工占比为23.4%，听说过但是还没有建立的约占21.9%，没听说并且没建立的以及不清楚的人数占比为54.8%。这说明农民工的健康档案普及率还需要提高。

三、结论

由以上分析可以看出，影响农民工群体健康水平的既有自然因素也有社会因素。自然因素包含性别、年龄等，社会因素包含婚姻状况、职业、受教育水平、职业、行业、月收入等。自然因素与社会因素并非孤立地影响农民工的健康状态，而是相互作用，共同影响农民工群体整体的健康状况。自然因素与社会因素之间有不容研究者忽视的强烈互生性。我认为这是研究者在做此类研究时必须关注并予以说明的地方。

本章具体结论有如下几点。

第　，农民工群体的性别属性影响了男女之间体质的差异，从而影响了不同性别农民工群体的健康水平，较差的体质使得女性比男性较难保持健康的状态。同时，性别的差异导致了男女在职业分布上的不同，女性所从事的一些职业可能更容易受到疾病的影响，或者缺乏社保医疗的保障，从而加大男女农民工群体在健康水平上的差别。

第二，农民工群体的年龄、婚姻分布会影响农民工群体的健康水平。农民工群体的健康水平随着年龄的增长呈逐渐降低趋势，未婚者群体比已婚者群体具有更高的健康率。这一方面是未婚者家庭负担和生活压力较小造成的；另一方面，未婚者年纪较轻，年轻在体质上的自然优势通过未婚这一社会因素体现出来。

第三，农民工群体的职业、行业分布会影响农民工的健康状况，如制造业的生产工人。独特的职业特征、职业环境导致了本职业农民工群体较低的健康水平，而且职业这一社会因素产生的影响，甚至可以超过由年龄、性别所带来的身体优势产生的影响。

第四，农民工群体的受教育水平和月收入与健康水平呈明显的正相关，即学历越高、月收入越高，群体内的健康率越高。一般综合性学校毕业的农民工群体的健康水平高于专业性学校毕业的农民工群体。这一方面是因为较高的收入可以使农民工享受到较好的生活工作环境，增加个人和家庭在健康上的投资；另一方面由于高学历、综合性的学校教育增加了农民工接触健康保健知识的机会，增强了他们的健康保健意识，养成了定期锻炼和科学保健的习惯。

第五，农民工群体的每周工作时间与健康水平之间并没有呈现较强的线性关系，但周工作时间过短和加班时间过长都会导致农民工群体的健康率下降。工作时间过短说明了工作的不稳定、收入不固定，从而导致较差的生活条件，影响健康状况；加班时间过长将显著损害农民工的健康状况。

第六，农民工的就医机构选择既受到农民工自身主观医疗意识、医疗知识、就医偏好的影响，又受到农民工的客观生活条件、生活环境的影响。其中是否参加城镇职工医保明显影响农民工群体在社区卫生站、个体诊所之间的就医选择；年龄通过农民工群体严重疾病的发病率，从而影响了农民工去综合医院和返回老家治疗的比例。

第七，农民工的就诊方式选择与随年龄变化的自然身体状况，及自身经济能力有关。一方面农民工的年纪越大，群体中重症疾病的发病率越高，住院率随之增加，也呈增多趋势；另一方面农民工收入最低和收入较高群体的住院率较高，中间群体的住院率变化较平稳，收入最低的农民工群体因为年龄因素导致住院率较高，收入较高的农民工因较好的经济条件、较高的健康意识，偏好于选择住院治疗。

第八，农民工群体的城镇医保的参保率偏低，农民工仍未能享受到城市医疗保障、公共医疗服务的福利。新生代农民工中有较高比例对是否参加城镇医保的情况不清楚，说明新生代农民工缺乏了解城市社会保障相关知识、政策、信息，对享受城市医疗保障服务以及参加社会医疗保障重要性的认识不足。

第九，农民工群体城镇职工医疗的低参保率导致农民工医疗报销比例不高，有些还是走农村合作医疗报销途径。农民工居民医疗档案建立比例不高，还有待普及。

四、政策建议

根据以上从数据分析得出的结论，我对应提出以下几点政策建议。

第一，女性农民工在体质上较男性农民工有劣势，多数从事的行业工资较低、工作环境较差，对待重大疾病的抵御能力较弱。因此，政府应该鼓励企业为她们普及城镇职工医疗保险，增加她们抵御疾病、意外伤害风险的能力。

第二，新生代农民工由于年纪较轻，身体素质优势明显，但由于其从事的行业、职业工作环境恶劣，他们的健康意识不强，导致新生代农民工的健康状况综合来说不容乐观。因此，政府应该加大新生代农民工群体的健康知识的普及和医疗保障政策的宣传，同时针对个别低健康率的行业进行具体考察，改善就业环境。

第三，农民工中城镇医疗保险的普及率还较低。参保率直接影响了农民工的就医选择，同时也关系到农民工能否享受到城镇公共医疗的福利。因此，政府还应该在参保的普及上采取措施。

第四，居民健康档案的建立能够持续地追踪农民工健康状况的变化，有利于传染病、职业病的防控。目前健康档案建立率较低，仍需加强。

/第八章/

农民工婚姻状况及其影响因素分析

婚姻问题在农民工群体中越来越凸显。伴随着新型城镇化的不断推进，一些农民工尤其是一些新生代农民工开始逐步融入流入地城市。因此，对于他们来说，婚姻问题，以及伴随而来的居住问题、孩子受教育问题、医疗问题等也越发凸显出来。在本书的最后一章我着重探讨一下农民工群体的婚姻状况。

本章研究发现，年龄、性别、受教育程度以及就业身份对农民工婚姻状况的影响呈现显著作用。研究结果表明：(1)在婚姻状况方面，从年龄来看，随着年龄的增长，未婚比例越小，但到达某一年龄段以后，随着年龄的增大未婚比例反而有些许提高；从性别来看，男性的未婚比例高于女性；从受教育程度来看，随着受教育程度的提高，未婚比例越来越大，而超过大学教育程度以后未婚比例反而有所降低；从就业身份来看，雇员、家庭帮工的未婚比例大于雇主、自营劳动者的未婚比例。(2)在影响因素方面，年龄越大，已婚人数越多；受教育程度越高，已婚比例反而下降；男性已婚的比例小于女性已婚比例；雇员的已婚比例小于家庭帮工的，雇主、自营劳动者的已婚比例大于家庭帮工；受教育程度对结婚年龄有很大的推迟效应；结婚年龄存在性别差异，女性的结婚年龄普遍小于男性。

一、问题的提出

2014 年国家统计局发布的数据显示，截至 2014 年末，中国总人口数达 13.6 亿，其中从 1980 年到 2014 年，中国共出生了 6.75 亿人，男性人口为 70079 万人，比女性多 3376 万。80 后非婚人口男女比例为 136：100，男女比例严重失衡。人口学者姚美雄判断，我国的“光棍危机”可能在 2020 年后全面爆发。一时间人们对婚姻问题的讨论变得热烈起来，同时政府决策部门以及相关专家学者对婚姻的关注度以及研究更加深入。而其中作为推进我国工业化和城镇化、统筹城乡发展发挥着不可替代的农民工这一群体，其婚姻状况更为值得我们关注和研究，因为他们从农村来到城市工作，无论工作环境或者生活方式都发生了变化，外出务工势必会对婚姻观念、择偶范围、家庭结构产生影响，家庭关系也会随之发生一定的变迁，进而影响整个婚姻状况。

国家统计局 2015 年发布的《2014 年全国农民工监测调查报告》显示：2014 年全国农民工总量为 27395 万人，其中男性占 67.0%，女性占 33.0%；农民工以青壮年为主，16—40 岁占 56.5%，41—50 岁占 26.4%，50 岁以上的农民工仅占 17.1%。农村转移劳动力在性别和年龄上的特点为以男性青年为主，男性约占 65%，年龄 35 岁以下的约占 64%。近年的变化趋势特点是，转移的农村劳动力中女性劳动力比例开始上升，年龄低于 35 岁的农村转移劳动力的比例继续上升。[①] 从中可以看出农民工中适龄人群占据比例较大，女性人数继续攀升，因此研究中国农民工婚姻状况有很大现实意义。另一方面现有研究缺乏数据考察分析农民工婚姻发展现状，且结论不一。因此，研究“十二五”期间中国农民工婚姻状况及其影响因素具有重要的理论意义。

二、文献综述

现有的国内外学者对婚姻的研究很多，也形成了大量的成果。但从研究内容来看，多数研究集中在婚姻关系和婚姻家庭特征等问题上。西方学

①陈功.家庭革命[M].中国社会科学出版社.2000.

者对流动人口婚姻家庭问题的研究具有较长历史，已形成了许多理论解释。[①] 比如迁移适应理论认为，流动人口对新环境的适应因人而异，婚姻家庭观念及行为的调整与适应和迁移者的性格特点、文化程度、语言能力、获得迁入地的协助与否、当地城市环境等因素相关。[②] 选择理论认为流出人口大部分具有同质性，即文化程度相对比较高，并具有强烈的发展愿望和对都市现代生活的追求，流入后都会主动地推迟结婚和控制生育规模。[③] 而关于婚姻状况及其影响因素分析的研究比较少见。

再者从研究对象来看，国内外对流动人口婚姻家庭研究居多。国外研究大致分为两大类：第一是人口流动与婚姻的关系研究；第二是农村妇女婚姻迁移的研究。这些研究鲜有涉及农民工群体的。而恰恰是农民工群体受户籍制度的管制约束和文化的冲击更深，婚姻家庭变化更为显著，影响因素及表现形式更为复杂。国内对于农民工的婚姻问题的研究较多。李强曾在2002年出版的《转型时期的中国社会分层结构》一书中专门用一个章节讨论了中国农民工的家庭模式，[④]可以说，这是国内讨论农民工婚姻家庭的一个开始。国内的学者还集中于对新生代农民工婚姻观以及婚姻行为及其因素的研究。胡珍、程静研究发现男女青年农民工对婚前性行为持“接受”态度的分别占4/5及3/4；[⑤]尹子文发现对于第二代农民工（不管是已婚的还是未婚的）来说，婚姻家庭在其生活中都占有异常重要的地位。与未婚的第二代农民工相比，已婚的第二代农民工的生活与工作更多地围绕家庭展开，而未婚的第二代农民工则仍然在打工道路上寻找着幸福的婚姻；农民工的通婚圈没有太大的突破，婚恋观却发生了较大变化。[⑥] 吴新慧认为新生代农民工

---

①孙琼如，叶文振. 国内外流动人口婚姻家庭研究综述[J]. 人口与发展. 2010.

②McHugh, K. E., E. H. Skop and I. M. Miyares. The magnetism of Miami: Segmented paths in Cuban migration[J]. Geographical Review, 1997.

③Kahn, J. R. Immigrant selectivity and fertility adaptation in the United States[M]. Social Forces. 1988.

④李强. 转型时期的中国社会分层结构[M]. 黑龙江人民出版社. 2002.

⑤胡珍，程静. 青年农民工恋爱及婚前性行为状况研究报告——基于成都市服务行业青年农民工的调查[J]. 中国青年研究. 2008.

⑥尹子文. 第二代农民工婚姻家庭问题探析[J]. 中国农村观察. 2010.

的婚恋特征体现为“传统与现代共生与冲突”；[①]曹锐将新生代农民工的障碍分为婚恋观念障碍和婚恋行为障碍两个方面。[②]

从研究方法来看，多数研究只停留在定性论述上，仅有少数研究进行定量分析和检验，且集中于对婚姻进入时间问题、人口初婚年龄发展态势方面。高颖、吴昊利用北京婚姻登记业务数据，分析发现存在流动迁移经历的人口初婚年龄具有推迟特点；[③]王鹏、吴愈晓利用CGSS2006数据对人口初婚年龄影响因素进行分析。[④] 但这些定量研究的调查范围小、样本少，其结论不一定具有普遍性与代表性。针对现有研究的不足，刘厚莲通过2013年全国流动人口动态监测调查数据，运用统计分析和多元回归模型考察了新生代流动人口初婚年龄及其影响因素。结果显示，新生代流动人口初婚年龄特征表现为男高女低、农业户口低于非农业户口、少数民族高于汉族的特点，新生代流动人口跨省通婚的，其初婚年龄高于省内通婚的等。[⑤]

基于此，本章利用2013年国家卫计委《中国流动人口调查》数据，采用定量的方法，就农民工婚姻状况及其影响因素进行实证分析，据此提出相关政策启示。

三、数据及样本特征分析

本章的数据同样来源于2013年国家卫生和计划生育委员会组织实施调查获得的流动人口数据，即2013年全国流动人口动态监测调查数据，样本包括全国198795个农民工的基本情况。其主要内容包括被访者个人基本信息、教育与职业情况、工作状况、社会保障情况、家庭成员情况、流动情况、子女基本信息等等。这些因素和变量的相关数据正是本章探讨中国农民工婚姻状况及其影响因素时所需要用到的(见表8－1)。

---

①吴新慧. 传统与现代之间——新生代农民工的恋爱与婚姻[J]. 中国青年研究. 2011.

②曹锐. 新生代农民工婚恋模式初探[J]. 南方人口. 2010.

③高颖，吴昊. 人口流迁对北京市平均初婚年龄的影响[J]. 人口研究. 2012.

④王鹏，吴愈晓. 初婚年龄的影响因素分析：基于CGSS2006的研究[J]. 社会. 2013.

⑤刘厚莲. 新生代流动人口初婚年龄及其影响因素分析[J]. 人口与发展. 2014.

表 8—1 农民工人口调查样本基本特征

	人数(个)	构成(%)
性别		
男	106728	53.7
女	92067	46.3
民族		
汉	184276	92.7
少数民族	14519	7.3
受教育水平		
从未上过学	3304	1.7
小学	26252	13.2
初中	107729	54.2
高中	30647	15.4
中专	11911	6.0
大学专科	12395	6.2
大学本科	6128	3.1
研究生	429	0.2
婚姻状况		
未婚	43043	21.7
初婚	149495	75.2
再婚	2437	1.2
离婚	3104	1.6
丧偶	716	0.4
流动范围		
跨省流动	103531	52.1
省内跨市	57221	28.8
市内跨县	38043	19.1

	人数(个)	构成(%)
是否在本地购房		
是	22940	11.5
否	175855	88.5
地区		
东部地区	85973	43.2
中部地区	33999	17.1
西部地区	64824	32.6
东部地区	13999	7.0
就业身份		
雇员	100596	50.6
雇主	15297	7.7
自营劳动者	53180	26.8
家庭帮工	5109	2.6
目前持有证件情况		
住证或工作居住证	58145	29.2
暂住证	76114	38.3
两种证件都没有	64536	32.5
就业单位所属产业		
第一产业	5075	2.6
第二产业	53672	27.0
第三产业	140048	70.4

四、婚姻状况的描述性分析

对农民工婚姻的总体情况进行的描述和分析，主要包括农民工的结婚状况以及结婚年龄(见表8—2)。

(一)农民工结婚状况的描述和分析

表8—2 婚姻情况

单位：%

地区		东部地区		中部地区		西部地区		东北地区		合计	
		婚姻情况		婚姻情况		婚姻情况		婚姻情况		婚姻情况	
		未婚	已婚	未婚	已婚	未婚	已婚	未婚	已婚	未婚	已婚
年龄组	15—19岁	97.9	2.1	98.5	1.5	97.4	2.6	99.6	0.4	97.9	2.1
	20—24岁	64.1	35.9	66.9	33.1	64.7	35.3	77.7	22.3	65.5	34.5
	25—29岁	18.7	81.3	20.3	79.7	23.9	76.1	37.0	63.0	21.6	78.4
	30—34岁	5.1	94.9	3.5	96.5	7.5	92.5	13.6	86.4	6.1	93.9
	35—39岁	2.1	97.9	0.9	99.1	3.2	96.8	5.9	94.1	2.5	97.5
	40—44岁	1.3	98.7	0.7	99.3	2.0	98.0	3.6	96.4	1.6	98.4
	45—49岁	1.4	98.6	0.9	99.1	1.7	98.3	2.1	97.9	1.5	98.5
	50—54岁	2.5	97.5	1.5	98.5	1.7	98.3	1.7	98.3	1.9	98.1
	55—59岁	2.5	97.5	1.9	98.1	2.7	97.3	1.6	98.4	2.4	97.6
被访者性别	男	25.2	74.8	22.3	77.7	23.0	77.0	27.0	73.0	24.1	75.9
	女	18.8	81.2	17.2	82.8	17.4	82.6	21.3	78.7	18.2	81.8
被访者教育程度	未上过学	7.8	92.2	8.6	91.4	13.6	86.4	4.1	95.9	10.5	89.5
	小学	6.0	94.0	4.2	95.8	9.9	90.1	7.0	93.0	7.5	92.5
	初中	21.0	79.0	13.8	86.2	17.1	82.9	22.4	77.6	18.6	81.4
	高中	30.1	69.9	31.6	68.4	33.1	66.9	41.1	58.9	31.9	68.1
	中专	40.3	59.7	40.5	59.5	44.6	55.4	47.9	52.1	41.8	58.2
	大学专科	42.1	57.9	54.3	45.7	47.7	52.3	54.3	45.7	46.6	53.4
	大学本科	41.3	58.7	63.9	36.1	54.5	45.5	59.7	40.3	50.0	50.0
	研究生	26.1	73.9	25.0	75.0	54.5	45.5	60.0	40.0	40.7	59.3
就业身份	雇员	31.3	68.7	37.8	62.2	32.0	68.0	37.1	62.9	32.7	67.3
	雇主	5.7	94.3	6.5	93.5	9.7	90.3	9.5	90.5	7.6	92.4
	自营劳动者	6.4	93.6	6.8	93.2	8.8	91.2	8.7	91.3	7.5	92.5
	家庭帮工	11.4	88.6	20.1	79.9	25.0	75.0	17.2	82.8	18.2	81.8

第一，对年龄的分析。在东部、中部、西部地区中，当其他变量一定时，45岁以下的年龄段中随着年龄的增大未婚比例变小，而45岁以上时，未婚比例随着年龄的增大反而有稍稍提高；东北部地区在其他变量一定时，随着年龄的增大未婚比例变小，之后并未有所提高。

第二，对性别的分析。各个地区中男性的未婚比例均高于女性。东北部地区男性与女性未婚比例最大，男性的未婚比例为27%，女性的为21.3%。

第三，从教育程度来看，在东、中、西部地区，未上过学的未婚比例高于受教育在小学程度的。且从整体来看随着受教育程度的提高，未婚比例越来越大，而高于大学受教育程度以后未婚比例反而有所降低。尤其是受教育程度在大学本科和研究生之间者，下降最为明显。但在西部和东北部地区中，后期趋势表现不明显，即受教育程度在大学本科以后，随着受教育程度的提高，未婚比例是不变或增大，而并非有所降低。

第四，从就业身份来看，各个地区中，雇员、家庭帮工的未婚比例大于雇主、自营劳动者的未婚比例。总的来看，雇员未婚比例最大，约为32.7%；家庭帮工未婚比例约为18.2%；雇主、自营劳动者的未婚比例不超过10%。

(二)农民工结婚年龄的描述和分析

农民工结婚年龄情况见表8—3：

表8—3　结婚年龄情况

单位：%

		被访者教育程度				
		20岁以下	21-25岁	26-30岁	31-35岁	36岁以上
被访者性别	男	10.6	62.9	21.2	4.1	1.2
	女	25.1	61.6	11.3	1.6	0.3
地区	东部地区	16.3	63.6	16.9	2.6	0.6
	中部地区	16.3	64.3	16.4	2.4	0.6
	西部地区	20.0	59.3	16.2	3.4	1.1
	东北地区	17.9	63.1	14.8	3.3	0.9

		被访者教育程度				
		20 岁以下	21-25 岁	26-30 岁	31-35 岁	36 岁以上
被访者教育程度	未上过学	33.9	49.6	12.0	2.9	1.6
	小学	26.0	57.3	12.6	3.2	1.0
	初中	17.4	64.1	15.2	2.6	0.7
	高中	10.9	64.2	21.0	3.2	0.8
	中专	8.7	65.8	22.2	2.8	0.5
	大学专科	3.4	56.3	36.0	3.6	0.6
	大学本科	1.7	42.0	51.1	4.5	0.6
	研究生	3.1	25.0	53.1	15.6	3.1
地区	雇员	16.1	62.2	17.8	3.1	0.8
	雇主	15.6	62.7	17.5	3.3	0.8
	自营劳动者	16.9	63.2	16.2	2.9	0.8
	家庭帮工	24.6	63.8	10.1	1.1	0.4
合计		17.6	62.3	16.5	2.9	0.8

从性别来看,20 岁以下结婚的女性所占比例明显大于男性。女性 20 岁以下结婚比例为 25.1%,而男性占 10.6%。26 岁以上结婚的男性明显多于女性。

从地区来看,西部地区 20 岁以下结婚的人数比其他地区稍多一些。西部地区约占 20%,而其他地区在 17%左右。21—25 岁东部、中部、东北地区都在 63%左右,西部稍低,约为 59.3%。30 岁以上结婚的各地区人数比例都差不多。

从受教育程度来看,大学程度以下的,随着受教育程度的提高,20 岁以下结婚的比例逐渐减少,研究生的稍稍有所提升。26—30 岁结婚的比例随着受教育程度的提高而逐渐增加。

从就业身份来看,20 岁以下结婚的,家庭帮工比例较大,约为 24.6%,其他身份所占比例在 16%左右。20—25 岁结婚的各就业身份基本没有差异,都在 63%左右,26 岁以上结婚的家庭帮工明显比例少于其他就业身份的比例。

五、模型构建及回归分析

影响农民工结婚状况和结婚年龄的因素较多，但总体可以分为两类（先赋性和自致性，即自身因素和外部因素）：第一，自身因素，主要包括受教育水平、民族、流动特征（如流动范围、流入区域等）、经济水平、就业特征（如所在行业、就业身份等）等；第二，外部因素，主要包括家庭特征（如父亲母亲的受教育水平、态度、家庭经济条件等）、配偶特征、其他社会网络等。

（一）结婚状况影响因素分析

由以上对婚姻状况的描述和分析我发现，年龄、受教育程度、性别、就业身份对是否结婚影响很大，所以将这四个变量做回归分析。

表 8—4　婚姻情况的回归分析

行业		B	标准误	Wald	df	显著水平	Exp(B)	Exp(B)的置信区间 95%	
								下限	上限
已婚	截距	−6.020	0.082	5448.444	1	0.000			
	年龄	0.315	0.002	23756.862	1	0.000	1.370	1.364	1.375
	受教育年数	−0.073	0.004	421.725	1	0.000	0.929	0.923	0.936
	男性	−0.529	0.018	836.648	1	0.000	0.589	0.569	0.611
	女性	0[b]	0.	0.	0	0.	0.	0.	0.
	雇员	−0.939	0.055	291.174	1	0.000	0.391	0.351	0.436
	雇主	0.232	0.067	11.991	1	0.001	1.261	1.106	1.437
	自营劳动者	0.276	0.058	22.553	1	0.000	1.317	1.176	1.476
	家庭帮工	0[b]	0.	0.	0	0.	0.	0.	0.

a. 参考类别是：未婚。

b. 因为此参数冗余，所以将其设为零。

各个变量都是显著的，那么得到的回归模型：

$$\ln\left(\frac{P(y=1|x_1,x_2,x_3,x_4,x_5,x_6)}{1-P(y=1|x_1,x_2,x_3,x_4,x_5,x_6)}\right)=-6.02+0.315x_1-0.073x_2-0.529x_3-0.939x_4+0.232x_5+0.276x_6$$

其中，$y=1$ 表示已婚，x_1、x_2、x_3 分别表示年龄、受教育年数、性别（女性作为对照）。x_4、x_5、x_6 是就业身份的虚拟变量，x_4 代表雇员，x_5 代表雇主，x_6 代表自营劳动者，家庭帮工作为对照。

由回归方程发现：

1. 年龄的系数为正，说明年龄越大，已婚人数越多。伴随着年龄的增长，农民工婚姻压力也越来越大。

2. 受教育程度的系数为负，说明受教育程度越高，已婚比例反而下降。受教育程度越高，其文化眼界也随之变高。且农民工从进入城市的那一刻起，就开始了从传统性到现代性的转变，他们不再受“男大当婚，女大当嫁”等传统思想的催促，也不再受“离婚让人难堪”等陈腐观念影响，他们更加注重对方情感，逐渐由以经济条件为基础的婚姻转向以感情为基础的现代婚姻。受现代社会条件以及个人思想观念的影响，其受教育程度到达一定水平后，已婚比例反而呈下降趋势。

3. 性别的系数为负，说明男性已婚的比例小于女性已婚比例。我们面临男女比例失调的人口结构，男女比例分布严重不平衡，导致男女配偶间年龄差距增大，高基数高比例的无择偶人群出现，所以男性已婚比例小于女性已婚比例。再者在农民工群体中，男性占大多数，伴随着其外出打工，农民工的社会关系网络扩大了，融合到现代城市社会新构建的社会网络中，逐渐对城市文明有了认同，对婚姻的思想观念也发生了改变。最后，男性在外务工的行业里，女性职工较少，尤其是建筑、制造等行业，这不利于婚姻的结合。

4. 雇员比例为负，说明雇员的已婚比例小于家庭帮工的；而雇主、自营劳动者为正，说明雇主、自营劳动者的已婚比例大于家庭帮工。因此就业身份对是否结婚产生很大影响。就业身份代表着职业地位，当人们在劳动力市场上的位置比较高时，代表其职业发展越顺利，结婚的可能性就会增大；相反如果职业发展越困难，职业地位越低，没有稳定的职业预期，其结婚的可能性就会降低。

（二）结婚年龄影响因素分析

将性别、受教育年数、就业身份对结婚年龄做回归分析，得到表 8－5。

表 8—5 结婚年龄的回归分析

模型		非标准化系数		标准系数	t	Sig.
		B	标准误差	试用版		
1	(常量)	21.509	0.408		52.745	0.000
	受教育年数	0.158	0.041	0.011	3.817	0.000
	男性	1.454	0.213	0.019	6.815	0.000
	雇主	−0.382	0.380	−0.003	−1.004	0.315
	家庭帮工	−0.650	0.641	−0.003	−1.013	0.311
	自营劳动者	−0.481	0.232	−0.006	−2.078	0.038

a. 因变量:结婚年龄

通过回归分析发现就业身份中的雇主、家庭帮工这两个虚拟变量并不显著,所以将就业身份这个变量去掉,就受教育年数和性别作为变量,再做回归分析,得到表 8—6。

表 8—6 结婚年龄回归分析(续)

模型		非标准化系数		标准系数	t	Sig.
		B	标准误差	试用版		
1	(常量)	21.285	0.395		53.819	0.000
	受教育年数	0.162	0.041	0.011	3.916	0.000
	男性	1.414	0.210	0.019	6.747	0.000

a. 因变量:结婚年龄

得到的回归模型:

$$y=21.285+0.162x_1+1.141x_2$$

其中,y 为结婚年龄,x_1 为受教育年数,x_2 为性别变量,以女性作为对照组。

受教育年数的系数为 0.162,其他情况一定时,受教育年数增加一年,结婚年龄相应增加约 0.162 年。性别的系数为 1.414,说明男性结婚年龄高于女性的结婚年龄约 1.414 年。

由此可见：

(1)受教育程度对结婚年龄有很大的推迟效应，因此总体而言受教育程度越高，初婚年龄越大；并且受教育程度对女性结婚年龄的推迟效应要大于男性。

首先，随着教育程度的提高，在校就读时间的延长客观上推迟了结婚年龄。其次，从人力资本的角度，教育程度的增加意味着信息、技能的积累和学历的提高。受教育程度越高，他们在劳动力市场的预期收益就越高，适应能力和事业心越强，并具有强烈的发展愿望，因而也更倾向于晚婚。当他们走上社会岗位之后，不仅是他们的自身能力，而且包括他们家庭的社会关系等都将成为他们占有社会资源的一部分，而且是很重要的一环。这将直接成为他们寻找就业岗位，甚至获得经济收入的关键因素。最后，在我国现阶段，由于劳动力的供给要远远大于劳动力的需求，因此就业形势一直不被看好，失业率不断增高。大学生冒着很大的风险，四处奔波，难于成家，自然也就会推迟结婚年龄。

女性受教育程度越高，在劳动力市场的预期收益就越高。如果其在就业过程中想退出劳动力市场，那她的机会成本就越高。因此，在实际生活中她们往往会选择推迟结婚年龄。同时，受教育程度较高的女性比男性更有可能推迟结婚年龄。

(2)结婚年龄存在性别差异，女性的结婚年龄普遍小于男性。用性别角色专业化的视角解释就是，男性作为家庭的主要供养者，其结婚时间与职业生涯密切相关，较早结婚会影响他完成教育、职业训练与社会经济地位的向上流动。而作为一个承担传统家庭角色的女性，婚姻匹配所需要的各种女性特征在年轻时的优势更为明显，而且家庭生产技能在父母家庭中也能够习得。

六、结论与讨论

本章基于 2013 年国家卫计委《中国流动人口调查》数据，着重讨论了年龄、性别、受教育程度以及就业身份对农民工婚姻状况的影响。

本研究四个重要的发现是:

第一,在婚姻状况方面,从年龄来看,随着年龄的增长,未婚比例越小,但到达某一年龄段以后,随着年龄的增大未婚比例反而稍稍提高;从受教育程度来看,随着受教育程度的提高,未婚比例越来越大,而超过大学受教育程度以后未婚比例反而有所降低;从就业身份来看,雇员、家庭帮工的未婚比例大于雇主、自营劳动者的未婚比例。

第二,在影响因素方面,受教育程度对结婚年龄有很大的推迟效应;结婚年龄存在性别差异,女性的结婚年龄普遍小于男性。

第三,在婚姻状况方面,年龄和受教育程度因素对是否结婚的影响并非完全符合正相关或负相关,而是有一个拐点——年龄方面 45 岁以下的年龄段中随着年龄的增大未婚比例越小,而 45 岁以上时,未婚比例随着年龄的增大反而稍稍提高了。

第四,受教育程度方面,从整体来看随着受教育程度的提高,未婚比例越来越大,而高于大学受教育程度以后未婚比例反而有所降低(尤其是受教育程度在大学本科和研究生之间者,下降最为明显)。

上述两个拐点很值得今后结合各种变量做进一步的研究。

参考文献

期刊

1. 蔡昉，王德文，曲玥. 中国产业升级的大国雁阵模型分析[J]. 经济研究，2009(9).

2. 蔡昉，王美艳，曲玥. 中国工业重新配置与劳动力流动趋势[J]. 中国工业经济，2009(8).

3. 蔡昉，王美艳. 农村劳动力剩余及其相关事实的重新考察——一个反设事实法的应用[J]. 中国农村经济，2007(10).

4. 常凯. 工会理论政策研究的地位和作用论纲[J]. 工会理论与实践，2001－2，15(1).

5. 蔡昉等. 户籍制度与劳动力市场保护[J]. 经济研究，2002(12).

6. 冯虹，艾小青. 农民工就业满意度及其影响因素研究——基于北京市抽样调查数据[J]. 北京工业大学学报(社会科学版)，2012，12(6).

7. 冯虹，汪昕宇，陈雄鹰. 农民工城市就业待遇与其行为失范的关系研究[J]. 管理世界，2013(11).

8. 王春光. 新生代农村流动人口的社会认同与城乡融合的关系[J]. 社会学研究，2001(3).

9. 侯风云. 中国农村人力资本收益率研究[J]. 经济研究，2004(12).

10. 侯风云. 农村人力资本投资及外溢与城乡差距实证研究[J]. 财经研究，2007(8).

11. 陈玉宇，邢春冰. 农村工业化的角度以及人力资本在农村劳动力市场的角色[J]. 经济研究，2005(8).

12. 李雪松，詹姆斯·赫克曼. 选择偏差、比较优势与教育的异质性回报：基于中国微观数据的实证研究[J]. 经济研究，2004(4).

13. 李培林. 流动民工的社会网络和社会地位[J]. 社会学研究,1996(4).

14. 严善平. 人力资本、制度与工资差别——对大城市二元劳动力市场的实证分析[J]. 管理世界,2007(6).

15. 严善平. 城市劳动力市场中的人员流动及其机制[J]. 管理世界,2006(8).

16. 王美艳. 中国城市劳动力市场上的性别工资差异[J]. 经济研究,2005(12).

17. 王美艳. 城市劳动力市场上就业机会与工资差异——外来劳动力就业与报酬研究[J]. 中国社会科学,2005(5).

18. 边燕杰,张文宏. 经济体制、社会网络与职业流动[J]. 中国社会科学,2001(2).

19. 张春泥,刘林平. 网络的差异性和求职效果——农民工利用关系求职的效果研究[J]. 社会学研究,2008(4).

20. 章元,陆铭. 社会网络是否有助于提高农民工的工资水平[J]. 管理世界,2009(3).

21. 张车伟. 人力资本回报率变化与收入差距:“马太效应”及其政策含义[J]. 经济研究,2006(12).

22. 刘林平,张春泥. 农民工工资:人力资本、社会资本、企业制度还是社会环境?——珠江三角洲农民工工资的决定模型[J]. 社会学研究,2007(6).

23. 李国正.“十二五”末农民工就业状况及收入增长的影响因素分析[J]. 理论与改革,2015(5).

24. 许玲丽,冯帅章,陈小龙. 成人高等教育的工资效应[J]. 经济研究,2008(12).

25. 王德文,蔡昉,张国庆. 农村迁移劳动力就业与工资决定:教育与培训的重要性[J]. 经济学季刊,2008(7).

26. 郭继强. 中国城市次级劳动力市场中民工劳动供给分析[J]. 中国社会科学,2005(5).

27. 曹子玮. 农民工的再建构社会网与网内资源流向[J]. 社会学研究,2003(3).

28. 刘传江. 社会资本与农民工的城市融合[J]. 人口研究，2004(5).

29. 陈成文，王修晓. 人力资本、社会资本对城市农民工就业的影响——来自长沙市的一项实证研究[J]. 学海，2004(6).

30. 侯风云. 农村外出劳动力收益与人力资本状况相关性研究[J]. 财经研究，2004(4).

31. 张泓骏，施晓霞. 教育、经验和农民工的收入[J]. 世界经济文汇，2006(1).

32. 罗忠勇. 农民工教育投资的个人收益率研究——基于珠三角农民工的实证调查[J]. 教育与经济，2010(1).

33. 谌新民，林隽宇. 对农民工人力资本收益率的再估算和解释——来自广州市番禺区的发现[J]. 人口研究，2009(4).

34. 邢春冰. 农民工与城镇职工的收入差距[J]. 管理世界，2008(5).

35. 刘泽云. 教育收益率估算中的几个方法问题[J]. 北京大学教育评论，2009(1).

36. 王德文，吴要武，蔡昉. 迁移、失业与城市劳动力市场分割——为什么农村迁移者的失业率很低？[J]. 世界经济文汇，2004(1).

37. 马忠东，王建平. 劳动力流动对城镇失业的影响研究[J]. 中国人口科学，2011(3).

38. 李实，丁赛. 中国城镇教育收益率的长期变动趋势[J]. 中国社会科学，2003(6).

39. 刘传江，程建林. 第二代农民工市民化：现状分析与进程测度[J]. 人口研究，2008(5).

40. 韩长赋. 中国农民工发展趋势与展望[J]. 经济研究，2006(12).

41. 林毅夫，苏剑. 论我国经济增长方式的转换[J]. 管理世界，2007(11).

42. 高文书. 进城农民工就业状况及收入影响因素分析[J]. 中国农村经济，2006(1).

43. 郭力，陈浩，曹亚. 产业转移与劳动力回流背景下农民工跨省流动意愿的影响因素分析——基于中部地区 6 省的农户调查[J]. 中国农村经济，2011(6).

44. 朱明芬. 农民工职业转移特征与影响因素探讨[J]. 中国农村经济, 2007(6).

45. 刘唐宇. 农民工回乡创业的影响因素分析[J]. 农业经济问题, 2010(9).

46. 李飞, 钟涨宝. 人力资本、社会资本与失地农民的职业获得——基于江苏省扬州市两个失地农民社区的调查[J]. 中国农村观察, 2010(6).

47. 罗锋, 黄丽. 人力资本因素对新生代农民工非农收入水平的影响——来自珠江三角洲的经验证据[J]. 中国农村观察, 2011(1).

48. 李东琴. 新生代农民工就业稳定性的影响因素[J]. 经营与管理, 2011(9).

49. 王毅杰, 童星. 流动农民职业获得途径及其影响因素[J]. 江苏社会科学, 2003(5).

50. 王毅杰, 童星. 流动农民社会支持网探析[J]. 社会学研究, 2004(2).

51. 赵耀辉. 中国农村劳动力流动及教育在其中的作用[J]. 经济研究, 1997(2).

52. 宗成峰. 社会资本与农民工就业及工资决定的研究述评[J]. 首都经济贸易大学学报, 2010(5).

53. 庄晋财. 自主创业视角的中国农民工转移就业研究[J]. 农业经济问题, 2011(8).

54. 石智雷, 谭宇, 吴海涛. 返乡农民工家庭收入结构与创业意愿研究[J]. 农业技术经济, 2010(11).

55. 刘唐宇. 农民工回乡创业的影响因素分析[J]. 农业经济问题, 2010(9).

56. 赵浩兴. 农民工创业地点选择的影响因素研究——来自沿海地区的实证调研[J]. 中国人口科学, 2012(2).

57. 墨媛媛, 王振华, 唐远雄等. 甘肃省农民工创业群体特征分析[J]. 人口与经济, 2012(1).

58. 赵浩兴, 张巧文. 内地农民工返乡创业与沿海地区外力推动: 一个机制框架[J]. 改革, 2011(3).

59. 熊智伟，王征兵. 基于TPB理论修正的农民工返乡创业意愿影响因子研究——以江西省262名农民工微观数据为例[J]. 人口与发展，2012(2).

60. 朱红根. 外部环境与农民工返乡创业意愿关系的实证分析——基于江西省1145个农民工样本调查数据[J]. 经济问题探索，2011(6).

61. 赵海. 教育和培训哪个更重要——对我国农民工人力资本回报率的实证分析[J]. 农业技术经济，2013(1).

62. 杨廷钫，凌文辁. 新生代农民工工作嵌入内容结构及相关研究——以珠江三角洲为例[J]. 农业技术经济，2013(1).

63. 谢勇. 基于分位数回归的农民工人力资本收益率的估算. 农业技术经济，2013(4).

64. 张娜，雷怀英. 新生代农民工收入影响因素研究——基于天津市的调查[J]. 农业技术经济，2013(7).

65. 姚缘，张广胜. 信息获取与新生代农民工职业流动——基于对大中小城市新生代农民工的调研[J]. 农业技术经济，2013(9).

66. 孙战文. 农民工家庭成员有序迁移与代际迁移分析——基于Cox比例风险模型[J]. 农业技术经济，2013(9).

67. 刘美玉. 基于扎根理论的新生代农民工创业机理研究[J]. 农业经济问题，2013(3).

68. 陈聪，庄晋财，程李梅. 网络能力对农民工创业成长影响的实证研究[J]. 农业经济问题，2013(7).

69. 严于龙，李小云. 农民工收入影响因素初步分析[J]. 宏观经济管理，2006(12).

70. 苏群，周春芳. 农民工人力资本对外出务工收入影响研究——江苏省的实证分析[J]. 农村经济，2005(7).

71. 钱雪亚，张小蒂. 农村人力资本积累及其收益特征[J]. 中国农村经济，2000(3).

72. 于学军. 城市经济转型时期人力资本回报率研究. 中国市场与人口分析[J]. 2000(1).

73. 李实，丁赛. 中国城镇教育收益率的变动趋势[J]. 中国社会科学，

2003(6).

74. 王明进,岳昌君. 个人教育投资风险的计量分析[J]. 北京大学教育评论,2007(2).

75. 田凯. 关于农民工的城市适应性的调查分析与思考[J]. 社会科学研究,1995(5).

76. 邓大松,吴菲. 我国农民工组织力缺失的原因探讨[J]. 江西社会科学,2013(7).

77. 李珂. 新生代农民工职业流动的特征分析——来自北京某外来人口集中社区的实证研究[J]. 调研世界,2012(8).

78. Campbell Karen E. , Peter V. Marsden and Jeanne S. Hurlbert, 1986, Social Resources and Socioeconomic Status, Social Networks, Vol. 8, pp. 97—117.

79. Angrist, J. D. , 1990, Lifetime Earnings and the Vietnam Era Draft Lottery: Evidence from Social Security Administrative Records, American Economic Review , Vol. 80, No. 3, pp. 313 —336.

80. Angrist, J. D. , 1998, Estimating the Labor Market Impact of Voluntary Military Service Using Social Security Data on Military Applicants ,Econometrica , Vol. 66, No. 2, pp. 249 —288.

81. Angrist, J. D. and V. Lavy, 1999, Using Maimonides. Rule to Estimate the effect of Class Size on Scholastic Achievement, Quarterly Journal of Economics , 114, pp. 533— 575.

82. Ashenfelter, O. , 1987, The Case For Evaluating Training Programs With Randomized Trials, Economics of Education Review , Vol. 6, No. 4, pp. 333 —338.

83. Ashenfelter, O. and A. Krueger, 1994, Estimates of the Economic Return to Schooling from a New Sample of Twins , American Economic Review , Vol. 84, No. 5, pp. 1157— 1173.

84. Debrauw, A. , J. Huang, S. Rozelle, L. Zhang, and Y. Zhang, 2002, The Evoluation of China. Rural Labor Markets During the Reforms:

Rapid, Accelerating, Transforming , Journal of Comparative Economics, Vol. 30, No. 2, pp. 329 — 352.

85. Heckman, J. J. , 1979, Sample Selection Bias as a Specification Error, Econometrica, 47, pp. 153 —161.

86. Schultz, T. W. : Investment in Human Capital, American Economic Review, Vol. 51, No. 1, 1961.

87. Scott, L. C. ; Smith, L. H. and Rungeling, B. : Labor Force Participation in Southern Rural Labor Markets, American Journal of Agricultural Economics, Vol. 59, No. 2, 1977.

88. Dickens, William T. and Lang, Kevin: A Test of Dual Labor Market Theory, The American Economic Review, Vol. 75, No. 4, 1985.

89. Neuman, S. and Ziderman, A. : Testing the Dual Labor Market Hypothesis: Evidence from the Israel Labor Mobility Survey, The Journal of Human Resources, Vol. 21, No. 2, 1986.

90. Astone Nan Marie, Constance A. Nathanson, Robert Schoen and Young J. Kim, 1999, Family Demography, Social Theory, and Investment in Social Capital, Population and Development Review, Vol. 25, No. 1, pp. 1—31.

91. Bian Yanjie, 1997, Bringing Strong Ties Back in: Indirect Ties, Network Bridges and Job Searches in China, American Sociological Review, Vol. 62, No. 3, pp. 366—385.

92. Bridges William P. and Wayne J. Villemez, 1986, Informal Hiring and Income in the Labor Market , American Sociological Review, Vol. 51, No. 4, pp. 574—582.

93. Dong Xiaoyuan and Paul Bowles, 2002, Segmentation and Discrimination in China's Emerging Industrial Labor Market, China Economic Review, Vol. 13, pp. 170—196.

94. Elliot James, 1999, Social Isolation and Labor Market Insulation:

Network and Neighborhood Effects on Less－Educated. Urban Workers, Sociological Quarterly, Vol. 40, No. 2, pp. 199－216.

95. Mortensen D. T. and T. Vishwanath, 1994, Personal Contacts and Earnings: It 's Who You Know!, Labor Economics, Vol. 1, No. 2, pp. 187－201.

96. Mouw Ted, 2003, Social Capital and Finding a Job: Do Contacts Matter?, American Sociological Review, Vol. 68, No. 6, pp. 868－898.

97. Simon Curtis J. and John T. Warner, 1992, Matchmaker, Matchmaker: The Effect of Old Boy Networks on Job Match Quality, Earnings, and Tenure, Journal of Labor Economics, Vol. 10, No. 3, pp. 306－330.

98. Staiger D. and J. H. Stock, 1997, Instrumental Variables Regression with Weak Instruments, Econometrica, Vol. 65, No. 3, pp. 557－586.

99. Dickens, William T. and Lang, Kevin: A Test of Dual Labor Market Theory, The American Economic Review, Vol. 75, No. 4, 1985.

100. Neuman, S. and Ziderman, A.: Testing the Dual Labor Market Hypothesis: Evidence from the Israel Labor Mobility Survey, The Journal of Human Resources, Vol. 21, No. 2, 1986.

101. Bridges William P. and Wayne J. Villemez, 1986, Informal Hiring and Income in the Labor Market, American Sociological Review, Vol. 51, No. 4, pp. 574－582.

102. Michael C Seeborg, Zhenhu Jin, Yiping Zhu. The new rural－urban labor mobility in China: causes and implications. Journal of Socio－Economics, 2000(29): 39－56.

103. Taylor T Edward, Scott Rozelle Alan. Migration and incomes in source communities: A new economic of migration perspective from China. American Economic Review, 2002, 59(2): 5－17.

104. Ho, S., X. Dong, P. Bowles, and F. MacPhail, Privatization and Enterprise Wage Structures During Transition: Evidence from China's

Rural Industries, Economics o f Transition, 2002, 10(3), 659—688.

105. Harris, J. , and M. Todaro, Migration, Unemployment and Development: A Two Sector Analysis, American Economic Review, 1970, 60 (1), 126—142.

106. Johnson, N. , and G. Chow, Rates of Return to Schooling in China, Pacific Economic Review, 1997, 2(2), 101—113.

107. Maurer—Fazio, M. , Earnings and Education in China's Transition to A Market Economy, China Economic Review, 1999, 10 (1), 17—40.

108. Psacharopoulos, G. , Returns to Education: A Global Update, World Development, 1994, 22(3), 1325—1344.

109. Ranis, G. , and F. , Stewart, V—Goods and the Role of the Urban Informal Sector in. Development, Economic Development and Cultural Change, 1999, 47(2), 259—288.

110. San—Segundo, M. , and A. Valiente, Family Background and Returns to Schooling in Spain, Education Economics, 2003, 11(1), 39—52.

111. Zhang, J. , Y. Zhao, A. Park, andX. Song, Economic Returns to Schooling in Urban China: 1988—2001, Journal of Comparative Economics, 2005, 33(4), 730— 753.

112. Piore, Michael J. , 1983, Labor Market Segmentation: To What Paradigm Does It Belong?, American Economic Review Proceedings, 73(2).

113. Wang, Feng and Xuejin Zuo, 1999, Inside China's Cities: Institutional Barries and Opportunities for Urban Migrants, American Economic Review Proceedings, 89(2).

114. Astone Nan Marie, Constance A. Nathanson, Robert Schoen and Young J. Kim, 1999, Family Demography, Social Theory, and Investment in Social Capital, Population and Development Review, Vol. 25, No. 1, pp. 1—31.

专著

1. 蔡昉，白南生. 中国转轨时期劳动力流动[M]. 北京：社会科学文献出版社，2006.

2. 蔡昉，都阳、王美艳. 中国劳动力市场转型与发育[M]. 北京：商务印书馆，2005.

3. 蔡昉. 中国人口流动方式与途径[M]. 北京：社会科学文献出版社，2001.

4. 蔡昉，林毅夫. 中国经济[M]. 北京：中国财政经济出版社，2003.

5. 李实，佐藤宏. 经济转型的代价[M]. 北京：中国财政经济出版社，2004.

6. 李培林. 农民工：中国进城农民工的经济社会分析[M]. 北京：社会科学文献出版社，2003.

7. 常凯. 劳动关系·劳动者·劳权：当代中国的劳动问题[M]. 北京：中国劳动出版社，1995.

8. 科尔曼. 社会理论的基础[M]. 邓方，译. 北京：社会科学文献出版社，1990.

9. 刘传江，徐建玲. 中国农民工市民化进程研究[M]. 北京：人民出版社，2008.

10. 辜胜阻. 当代中国人口流动与城镇化[M]. 湖北：武汉大学出版社，1994.

11. 朱农. 中国劳动力流动与“三农”问题[M]. 湖北：武汉大学出版社，2005.

12. 温海池. 劳动经济学[M]. 天津：南开大学出版社，2002.

13. 韩俊. 中国农民工战略问题研究[M]. 上海：上海远东出版社，2009.

14. [美]加里·S·贝克尔. 人力资本：特别是关于教育的理论与经验分析[M]. 北京：北京大学出版社，1987.

15. 王午鼎. 90 年代上海流动人口[M]. 上海：华东师范大学出版社，1995.

16. 钱文荣，黄祖辉. 转型时期的中国农民工[M]. 北京：中国社会科学出版社，2007.

17. 赖德胜. 教育与收入分配[M]. 北京：北京师范大学出版社，2000.

18. 孙志军. 中国农村的教育成本、收益与家庭教育决策[M]. 北京：北京师范大学出版社，2004.

19. 曾湘泉. 收入分配与社会保障[M]. 北京：中国劳动和社会保障出版社，2002.

20. 王裕国. 中国劳动力市场与就业问题[M]. 四川：西南财经大学出版社，2000.

21. 李实. 中国居民收入分配实证分析[M]. 北京：社会科学文献出版社，1999.

22. [英]庇古. 福利经济学[M]. 金镝，译. 北京：中国社会科学出版社，1999.

23. 常凯. 中国工运史辞典[M]. 北京：劳动人事出版社，1990.

24. 曼瑟尔·奥尔森. 集体行动的逻辑[M]. 陈郁，郭宇峰，李崇新，译. 上海：上海人民出版社，2012.

25. [美]伊兰伯格，史密斯. 现代劳动经济学[M]. 潘功胜，刘昕，译. 北京：中国人民大学出版社，1999.

26. 杨宜勇等. 失业冲击波——中国就业方针报告. 北京：今日中国出版社，1997.

27. [英]约翰·勃雷. 对劳动的迫害及其救治方案[M]. 袁贤能，译. 北京：商务印书馆，1997.

28. 陈恕祥，杨培雷. 当代西方发达国家劳资关系研究[M]. 湖北：武汉大学出版社，1998.

29. 李德齐. 政府企业工会：劳动关系国际比较[M]. 北京：华文出版社，1998.

30. 李德齐. 劳动关系市场化行为与调整机制[M]. 北京：中国工人出版社，1998.

31. 李德齐. 建立劳动关系的三方协调机制[M]. 北京:中国经济出版社,1999.

32. 高爱娣. 新中国工会史[M]. 北京:中国经济出版社,1999.

33. Mincer, J. , Schooling, Experience and Earning. New York: Columbia University Press, 1974.

34. Burt R. S. ,1992, Structural Holes: The Social Structure of Competition. Cambridge, Massachusetts: Harvard University Press.

35. Putnam R. , R. Leonardi and R. Nanetti, 1993, Making Democracy Working: Civic Tradition and Modern Italy. Princeton: Princeton University Press.

36. Wooldridge, J. , 2003, Cross Sectional and Panel Data Analysis. Princeton Press.

37. Maddala, S. , Limited—Dependant and Qualitative Variables in Econometrics. Cambridge: Cambridge University Press, 1983.

38. Meng, Xin, 2000, Labour Market Reform in China. Cambridge University Press.

39. Coleman, J. ,1990, The Foundations of Social Theory. Cambridge: Harvard University Press.

40. Lipset, S. M. and Bendix, R. ,1959, Social Mobility in Industrial Society . Berkeley/Los Angeles: University of California Press.

法律文件

1. 中华人民共和国劳动法. 1994-07-05.

2. 中华人民共和国公司法. 1993-12-09.

3. 中华人民共和国刑法修正案(四). 2002-12-28.

4. 中华人民共和国劳动合同法. 2008-01-01.

5. 中共中央关于经济体制改革的决定. 1984-10-20.

6. 中共中央、国务院关于进一步活跃农村经济的十项政策. 1985.

7. 国营企业实行劳动合同制暂行规定. 1986-07-11.

8. 国营企业招用工人暂行规定. 1986-07-11.

9. 国营企业辞退违纪职工暂行规定. 1986-07-11.

10. 国营企业职工待业保险暂行规定. 1986-07-11.

11. 中华全国总工会. 全民所有制工业企业职工代表大会条例. 1986-10-01.

12. 中华人民共和国民法通则. 1986-04-12.

13. 在中国共产党第十三次全国代表大会上的报告. 1987-10.

14. 国务院. 全民所有制工业企业承包经营责任制暂行条例. 1988-02.

15. 中华人民共和国全民所有制工业企业法. 1988-04-13.

16. 中央组织部，人事部. 关于全民所有制工业企业引入竞争机制收单干部人事制度的若干意见. 1988-05.

17. 国家体改委. 关于切实加强组织领导，保证股份制试点健康发展的通知. 1989-02.

18. 农业部. 农民股份合作企业暂行规定. 1990-02-12.

19. 农业部. 农民股份合作企业示范章程. 1990-02-12.

20. 国家体改委. 在治理整顿中深化企业改革的意见. 1990-5.

21. 中共中央关于制定国民经济和社会发展十年规划和“八五”计划的建议. 1990-12.

22. 中央组织部，人事部. 全民所有制企业聘用制干部管理暂行规定. 1991-10-12.

23. 中华人民共和国工会法. 1992-04-03.

24. 国家体改委，国家经贸委，国务院证券委. 关于立即制止发行内部职工股不规范做法的意见. 1993-04-03.

25. 国务院. 中华人民共和国企业劳动争议处理条例. 1993-07-06.

后 记

本书由北京工业大学经济与管理学院首都社会建设与社会管理协同创新中心冯虹教授和李国正博士共同撰写。在撰写本书之时，正值中国共产党十八届五中全会召开。这次会议的召开为农民工研究指明了方向。本书的撰写也是在十八届五中全会报告的指引下展开的。

在本书的撰写过程中，北京工业大学教师艾小青副教授、王超博士、高扬博士、张品一博士、嵇灵博士、相楠博士、钱婷博士给予了大力支持和帮助。此外，还要感谢北京工业大学博士研究生张玉玺、李晨曦，硕士研究生谢艾香、李帆、芦琦、赵一凡、陈琛、陈连磊、陆昕辰、卢丹丹等的辛勤付出。他们在数据整理、文献收集等方面做出了重要贡献。尤其值得一提的是本书的撰写还得到了北京大学塔娜博士、高波博士、李强博士、方怡博士、王天浩同学、李亚东同学、郑晗同学、侯立娟同学以及中国矿业大学(北京)陆正芳同学的帮助，他们为本书的资料收集、文字誊写和翻译做出了重要贡献。

当然，由于时间比较仓促，加上作者学术水平的局限，书中不可避免地会出现一些谬误。希望广大学者、专家及读者朋友能够包涵和指正！作者的邮箱是：guozhengli@bjut.edu.cn。